SEE THE WORLD FROM
A GEOGRAPHICAL PERSPECTIVE
SYUSAKU MIYAJI

# 地理がわかれば
# 世界が見える

宮路秀作

代々木ゼミナール地理講師
&コラムニスト

大和書房

# はじめに～地理学は「地球上の理《ことわり》」を解き明かす！

私はこれまでの執筆活動において、

**「歴史学には『解釈』があり、地理学には『事実』がある」**

と繰り返し述べてきました。

改めて、地理学とは事実を積み重ねることで見えてくる現代世界の形を探究する学問であると感じています。

もちろん現代世界を構成している要素は、時代を経るとともに高度に複雑化していきます。だからこそ、「それって、一言で表すとどういうこと？」といった姿勢は、真実の認識から遠ざかることになってしまいます。

地理学（Geography）とは「地域を（geo）」「描く（graphia）」というラテン語を語源としたものであり、「地域を描く」とはまさしく空間認識といえます。そこでは自然や人間生活を行ったり来たりしながら、様々な**「理《ことわり》」**をもって物語が描かれます。地理学ではこれを**「景観」**と呼びます。

当然のごとく、「景観」は認識する空間の大小によって姿を変えます。たとえば、日本列島という小さい空間スケールで考えれば猛暑だったとしても、地球という大きな空間スケールで考えれば、ラニーニャ現象が発生していることを知ります。これはどちらが正しいのかではなく、どちらも同時に起こっていることなのであり、これらが連動していることを理解しなければなりません。

## 「普遍性」と「地域性」

また地理学では、**普遍性と地域性**を考えていくことも大変重要です。

たとえば、「河川の河口付近に発達する木材工業都市について」という論文を書いたとしても、そもそも査読の対象にすらならないかもしれません。河川の河口付近は、水運の便が良く、上流で伐採した木材を、河川を利用して運搬したことで木材工業都市が発達したわけです。しかしこういった「景観」は世界中の多くの河川で見られたことです。このようなどこででも見られるような物語を普遍性といいます。

一方で、静岡県浜松市を考えてみましょう。浜松市は天竜川の河口に位置し、上流から伐採された木材が運搬され、古くから「もの作り」が盛んな街として発展してきました。この木材を資源として製材や木材加工業が発達し、様々な発明家や起業家が誕生しました。特に「繊維」「オートバイ・自動車」「楽器」は、浜松市の三大産業として有名です。繊維産業は木製人力織機が発明され、後に自動織機へと進化します。これを完成させたのは豊田佐吉という人物であり、ここから織機製作の技術を活かして自動車製造を始めたのが豊田喜一郎という人物でした。これが、みなさまもよくご存じのトヨタ自動車の源流となっていきます。

一方で製材からは木工機械が生産され、これらの工場は戦争中に軍用飛行場の部品工場へと転用されると、鈴木式織機（現スズキ）がオートバイのエンジンを作り、また本田宗一郎が自転車用補助エンジンを開発するなど、後にオートバイへと進化していきました。さらに、山葉寅楠がオルガンを製作し、河合小市がピアノアクションを発明するなど、日本の製造業を牽引した街といっても過言ではありません。そして現在では先端技術産業が成長しています。

こうした浜松市の地域性こそ、読者のみなさま方の耳目を引くことなのだと思います。しかし、木材工業都市は日本だけでなく、世界中に存在しているわけであり、これらを比較することで地域性を観察していくことこそが地理学のおもしろさといえるのではないでしょうか。

そして地域性をどの空間から観察するか、あらかじめ決めておく必要があります。巨視的（マクロ）なのか、微視的（ミクロ）なのか、先述したようにこれらは連動しているのであって、どちらが正しいという話ではありません。

まずは観察する対象地域のスケールを設定し、自然と人間生活を行ったり来たりしながら、そこに存在する「理」を明らかにしていき、そこに普遍性をみます。そして他の地域との比較の中に地域性を見いだしていきます。その際に、「なぜ、そうなったのだろう？」という疑問を解き明かすためにも、歴史を紐解く必要が出てくる場合もあるわけです。

だからこそ、**「地理と歴史は自動車の両輪のようなもの」**であり、どちらが欠けても認識が立体視することはないと考えています。

世の中が高度に複雑化すればするほど、それらを集めて俯瞰する視点はますます重要性を帯びていくものと思います。そうした学際的な視座を持つこと、地理学はこのことを伝えていくべきであり、その役割を担うに最適な学問であると考えます。

## 地理を学ぶということ

本書は、普段私が「foomii」という媒体で配信しているメルマガから抜粋し、加筆・修正を加えてできあがったものです。同じ形で、以前に『ニュースがわかる！　世界が見える！　おもしろすぎる地理』（だいわ文庫）という本を刊行し、ご好評をいただきました。

普段、メルマガを配信するさい、「日本人が普段あまり注目しない国々」の様子もなるべく取り上げることを意識しています。たとえば、オセアニアに浮かぶフィジーという国では、毎年5月14日は「ギルミットの日」とされており、かつてイギリス領時代にやってきたインド系住民を記念したものです。２０２３年は、両国の未来の発展を願い、インドの外務大臣がフィジーを訪れて演説を行っています。日本でこれを報道したメディアはなかったように思います。結局、メディアの報道というのは、中で働く人たちが見せたい情報が発信されるのであって、彼らの頭の中を超えて情報を収集するには、やはり自ら一次情報にあたる必要があります。

これはつまり、「我々がなぜ外国語を学ぶのか？」という根源的な話でもあるように思います。日本人は中学校、高等学校と6年間も英語を学びますが、ほとんど話せるようにはなりません。これは、日本語で高等教育を受けることができる以上、英語を習得する必要性が小さいからです。先の大戦を敗北という形で終えたわが国ですが、我々の母語である日本語までは奪われませんでした。母語を奪われるということは、民族の崩壊を意味するのであって、それは免れました。だから本来であれば、英語を話せないことに後ろめたさを覚えるよりは、母語で高等教育を受けられることを誇りに思うべきなのです。

だからこそ、英語に限らず外国語を学ぶということは、「収集できる情報が増える」ことに繋がるのであり、分析する材料に厚みが増すということでもあるわけです。決して、大学受験のための学びだけに終わることなく、その先で外国語をどのように手段として使えるのか、これを子供たちには教えていく必要があるのではないでしょうか。

我々が世界情勢と称して認識しようとするとき、多くの人が特定の国に終始しています。しかし、前作ではシリアやジョージア、本書ではスリランカやミャンマー、スーダンなどを取り上げているように、**大国の動向に翻弄されがちな国への視点を持つこと**もまた重要なのではないでしょうか。冷戦時代ならいざ知らず、現代世界においては「世界を見る!」ことが、欧米諸国の動向を気にすることと同意ではありません。そんな時代はとっくに終わりました。

地理学とは実におもしろい学問です。本書を通じて、「地理学ってこういう学問なんだね!」と、読者のみなさまの蒙を啓くきっかけとなることを期待しています。

# 地理がわかれば世界が見える　目次

## 第2章 中国の思考は「債務の罠」から見えてくる

## 第3章 複雑化する世界と「独立」の問題

# 第4章 地理学的視点で見た「内戦」と「民族紛争」

## 第5章 「脱炭素」の問題点を読み解く

# 第1章

# 経済は土地と資源の奪い合い

## 「原油」を巡る中東情勢の今
## ――サウジアラビアとイラン

2023年3月10日、サウジアラビアとイランが外交関係を回復させることに合意したとのニュースが飛び込んで来ました。そしてこの合意を仲介したのが中国というから、そこにはまた別の驚きが存在しているわけです。

中東情勢は、やはりペルシャ湾周辺に埋蔵されている原油を巡って大国に翻弄されてきた歴史があります。特に影響力を強く持っていたのがアメリカ合衆国でした。しかしシリア内戦におけるロシアの存在、今回の中国の仲介などから、中東情勢におけるアメリカ合衆国の影響力が低下していることは間違いないように思えます。

### 世界に衝撃を与えた国交断絶

時は2016年1月3日夜のこと、突如サウジアラビアとイランが国交を断絶しました。同年1月2日、サウジアラビアにおいてイスラーム・シーア派の高位聖職者ニムル師の死刑が執行されました。これを受けて、イランで在イラン・サウジアラビア大使館を襲撃する事件が発生し、両国の国交断絶へと進展します。

死刑が執行されたのはニムル師を含む4人のシーア派聖職者と43人のスンナ派聖職者です。そもそも両国ともにイスラームを信仰する国民が多い国ですが、宗派別に見ると、**サウジアラビアはスンナ派、イランはシーア派がそれぞれ多い国**です。

632年、イスラームを創設したムハンマドが死去しますが、彼は後継者（イマーム）を指名していませんでした。そこで、イスラームの共同体（ウンマ）では、「次の指導者は誰にすべきか？」で意見が対立して分派が生じます。「血統とか関係ねぇから、指導者に相応しい、能力の高い人をみんなで決めようぜ！」と考えた人たちはスンナ派、「いや！やはり、ここはムハンマドの子孫が相応しいと思うぞ！」と考えた人たちはシーア派とそれぞれの流れを汲んでいます。

特にシーア派は、ムハンマドの娘婿であるアリーとその子孫を正当な指導者と考えていましたので、「アリーの党派」を意味する「シーア・アリー」からシーア派と呼ばれるようになります。一方のスンナ派は「ムハンマドの言行（スンナ）を重視する」ことからスンナ派と呼ばれています。シーア派の信者はイラン、イラク、イエメン、バーレーン、アゼルバイジャンに多く、特にシーア派の信者のうち、およそ3分の1がイランにいるといわれています。

イランでは「政教一致」が掲げられ、イスラームの教えが日常生活において浸透しており、こうした価値観をしっかり守っているかどうかを見張る「道徳警察」が存在しているほどです。しかし、こうした「窮屈な生活」を強いられる国民がしばしばデモを起こすこともあります。

## 情報発信は「大いなる伝言ゲーム」

私は常日頃、情報発信とは「大いなる伝言ゲーム」であると思っています。そのため宗教に関しても、時代が変われば創設者などの想いはその都度変化していくのであって、価値観の違いから宗派が形成されていくものです。キリスト教に関しても、大きく分ければカトリック、東方正教会、プロテスタントに分かれた歴史があるほどですから。

こうした「大いなる伝言ゲーム」においては、しばしば「原点に返ろう！」という考えが顕在化するものであり、サウジアラビアでは、多様性を認めつつも預言者であるムハンマドの時代を見直し「より良い社会を創っていこう！」と考える人たちが登場しました。つまりイスラーム原理主義の考えです。この考えを説いたのが、18世紀の宗教家、ムハンマド・イブン・アブドゥル・ワッハーブです。そのため、サウジアラビアでのイスラームの宗派は、「ワッハーブ派」と称されることがありますが、基本的にはスンナ派に属します。

つまりサウジアラビアにはスンナ派が多く、イランにはシーア派が多い。この状況下において、「サウジアラビアにてシーア派聖職者が処刑された」ということは、イラン国民の「むき出しの導火線」に火が点いたことはいうまでもなく、イラン国内で反サウジアラビアのデモ勃発に繋がっていきます。

処刑された理由は、2011年にサウジアラビア東部で発生した反政府デモの象徴として、ニムル師が注目を集めたことによります。サウジアラビア政府は彼を「治安を乱す扇動家」と称していたほどです。

実際、「扇動家」というのはどこの国にもいるもので、日本においても「メディアを隠れ蓑にして存在」しています。そういった人が処刑されない日本では、「報道の自由」が担保されている何よりの証拠なのですが、それを理解できず「国民の生命と財産を守る」ことなどそっちのけで、政権の足を引っ張ることに心血を注ぐ変態な議員がいます。

さて、それだけサウジアラビアでは国内でのシーア派に対する「風当たり」が大きかったということでしょう。また、処刑された47人のうちニムル師ら4人を除く43人はスンナ派であったため、サウジアラビアの不安定化を図ったテロへの関与を疑われていました。つまり、サウジアラビア政府が国内の治安維持を目的に行った見せしめといえます。

２０１６年といえば、すでに前年から始まり現在もなお終わりの見えないイエメン内戦の真っ最中でした。イエメンといえばシーア派信者の多い国ですが、少なからずスンナ派もいます。この内戦に対し、シーア派（に属するフーシ派）はイランの支援を受け、スンナ派はサウジアラビアの支援を受けているため、イエメン内戦は**「サウジアラビアとイランの代理戦争」**の様相を呈しているわけです。またシリアでは、同盟国であるイランに支援された政府と、サウジアラビアに支援された反政府勢力との争いが存在しています。こちらも代理戦争といえます。

サウジアラビアとイランの関係悪化は、２０１５年にサルマーン・ビン・アブドゥルアズィーズがサウジアラビアの国王（初代国王の25番目の男子）に即位した頃からといわれています。シリアでの反政府勢力やイエメンでのスンナ派への支援を始めたのもこの頃からです。サルマーン国王の息子がムハンマド・ビン・サルマーン（「ＭＢＳ」と称されることがある）であり、２０１８年の「カショギ暗殺事件」に関与していたのではないかというアメリカ合衆国の見解が存在します。

こうしたサウジアラビアとイランの7年にもおよぶ国交断絶に終止符が打たれ、両国ともに他国への内政不干渉を確認したといいます。

今にして思えば、2022年11月に報道された「イランがサウジアラビアを攻撃する可能性があることを、サウジアラビアとアメリカ合衆国が共有」という件に対して、イラン外務省が「根拠がねぇぞ！」「イランと隣国との関係に泥を塗る気か！」と反論していたのは本当だったのかもしれません。[*1]

## 「世界の警察」を止めたアメリカ合衆国

2022年12月、中国の習近平国家主席がサウジアラビアを訪問していますが、それに対してアメリカ合衆国は「中国が世界で拡大させようとしている影響力に注目している」と発しています。これは、**中国が世界最大のエネルギー消費国であり、その中国の石油需要を取り込んでいるのは世界最大の石油輸出国であるサウジアラビア**という現実を鑑みてのことといえます。

実際にサウジアラビアの石油輸出量のおよそ4分の1は中国向けであり、サウジアラビ

＊1　Saudis tell US that Iran may attack the kingdom: Officials
https://www.aljazeera.com/news/2022/11/2/officials-saudis-tell-us-that-iran-may-attack-the-kingdom

アにとって、中国は「最大のお得意様」といえます。また2022年9月にOPECプラスが減産の方向性を示し、ロシアによるウクライナ侵略によって石油価格の上昇に拍車をかけました。減産決定は、アメリカ合衆国とサウジアラビアの関係にくさびを打ち込み、「ロシアと同盟を結ぶ」ことと同意であるとの指摘があります。

確かに、バイデン米国大統領が「原油の増産」をお願いすべくサウジアラビアを訪問したさいは、「カショギ暗殺事件」に関するCIAの報告書を公表するのを我慢して、MBSに配慮したわけですが、それでも増産の合意を取り付けることはできませんでした。2022年7月のことです。

OPECプラスの減産合意が2022年9月、そして習近平国家主席のサウジアラビア訪問が12月です。これら、実に話が繋がっているようにも思えます。そして2023年2月14日、イランのエブラヒム・ライシ大統領が北京を訪問しました。現職のイラン大統領が中国を訪問するのは、実に20年ぶりのことでした。

この流れを受けて今回、サウジアラビアとイランの国交が回復したということです。

元々、アメリカ合衆国とイランの両国関係は良いものではありませんでした。そこに中国がやってきて、サウジアラビアとイランの国交回復の合意を仲介したということは、**中国が中東情勢における影響力を拡大させたい、ひいてはペルシャ湾周辺に眠る原油を安定**

**した供給元としたい意向がある**のは明白です。

確かに、シリアしかり、イエメンしかり、サウジアラビアとイランは代理戦争を行ってきましたので、両国の関係が良好となるのは地域の政情安定にとっては必要不可欠でしょう。こうした**常に不安定な地域に原油が偏在していることこそが、世界のエネルギー供給を不安定なものにしている現実**があります。

ペルシャ湾周辺はユーラシアプレートとアラビアプレートとの狭まる境界に位置するため、地体構造上、原油の埋蔵が多い地域です。

これまで、「世界の警察」としてアメリカ合衆国が影響力を行使し、石油の流通に大きな影響を与えていたことは間違いありません。しかし、オバマ大統領（当時）のころから、アメリカ合衆国は「世界の警察」であることを止め、世界は多極化したように思います。また「アメリカファースト」を掲げたトランプ大統領（当時）が、「オレたちアメリカが、なんで中東のやつらのために血を流さねばならんのだ！」という立場でしたので、それを上手く利用したのが中国であり、ロシアといえます。

中露の台頭は、アメリカ合衆国が「世界の警察」を止めただけではなく、2010年代初頭に発生した「アラブの春」によって生じた混乱に乗じたともいえます。「オレが助けてやるぜ！」と、突然手を差し伸べる人には注意が必要です。「欧米vs中露」の狭間で翻弄される国々が顕在化し、そこで暮らす人々の生活がどんどん危ぶまれていっているような気がします。

アメリカ合衆国は「敵の敵は味方」を上手く利用し、「対イラン」という政策において、長年イスラエルやサウジアラビアを支援してきました。しかし、現在のサウジアラビアにとっては、経済的なパートナーとしての中国、軍事的なパートナーとしてのロシアがそれぞれの役割を担っているといえます。バイデン大統領が中東情勢に寄り添うような姿勢を見せたところで、時すでに遅しといった状況になっています。

## OPEC脱退を模索するUAE

2023年1月、アラブ首長国連邦（UAE）の首都アブダビにて、中東地域における各国首脳会合が開かれました。

この会合で注目したいのは、サウジアラビアのムハンマド・ビン・サルマーン王太子（MBS）が欠席したということです。もっといえば、2022年12月にサウジアラビアの首都リヤドで開催された中国・アラブ諸国サミットにUAEのムハンマド・ビン・ザイード・アール・ナヒヤーン大統領が欠席していたということもあって、「ひょっとして両国の関係はあまりよろしくないのかしら?」という懸念が浮かんでくるわけです。

そもそも、「サウジアラビアとイランの代理戦争」と称されるイエメン内戦において、UAEもサウジアラビアとともにイエメン政府側に立って支援していましたが、2019年にすでに地上部隊の大半を撤退させたことで、サウジアラビアとの意見の対立が生じています。

またエネルギー政策についても、サウジアラビアとUAEの意見の食い違いが顕在化してきています。2022年9月のOPECプラスによる減産の維持について、実は当初は反対していたのがUAEだったといいます。しかし、現在の世界における産油量はアメリカ合衆国、サウジアラビア、ロシアの3トップ状態であり、OPECプラス内ではサウジアラビアの「声」が大きいため押し切られた感が否めません。

産業構造を考えると、**原油を掘って売るしかないサウジアラビア**と、**金融業や観光業、そして地理的位置を活かした中継貿易などで経済発展してきたUAE**を比較すると、サウジアラビアが「少しでも多くの収入を得たい!」と原油価格のつり上げに躍起になるのもわからないではありません。

こうなると、もはやUAEはOPECプラスに留まる必要があるのかという議論が浮上してくるわけで、実際に国内ではOPEC(石油輸出国機構)からの脱退、つまりOPE

Cプラスという枠組みからの離脱について議論されているといいます。

あらためて、経済とは土地と資源の奪い合いで示されることを実感します。

ＯＰＥＣ加盟国ではありませんし、ＯＰＥＣプラスの枠組みに入りませんが、アメリカ合衆国もまた世界的な産油国です。それはシェール革命がもたらした恩恵です。しかし、最近ではシェールオイルやシェールガスの産出量に陰りが見え始めているといいます。

さらには、西アジアにはアメリカ合衆国とは切っても切れない関係にあるイスラエルの存在があります。

以降は、アメリカ合衆国のシェールオイル、近年の西アジアにおけるイスラエルなども踏まえて解説していきたいと思います。

# 世界最大の「原油埋蔵国」ベネズエラとアメリカの関係

現在、世界最大の原油埋蔵国がどこかご存じでしょうか？

世界最大の産油国となったアメリカ合衆国でしょうか？　それとも広大な国土面積を有するロシアでしょうか？　やはりペルシア湾に臨むサウジアラビアでしょうか？

答えは、上記の3か国のどれでもありません。2023年現在、世界最大の原油埋蔵国は二位のサウジアラビアと僅差ではありますが、ベネズエラです。まずは最近のベネズエラにおける原油と国内情勢について概観していきます。

30頁の図を見ても分かる通り、ベネズエラの原油埋蔵量は2007年から2010年にかけて急激に増えています。具体的な数字でいうと、2007年の87324百万バレルから、2010年の296501百万バレルへと実に3・4倍にまで増えました。原油の埋蔵量は、採掘が進めば減少しますし、新たなる油田が見つかれば増加します。もちろん、

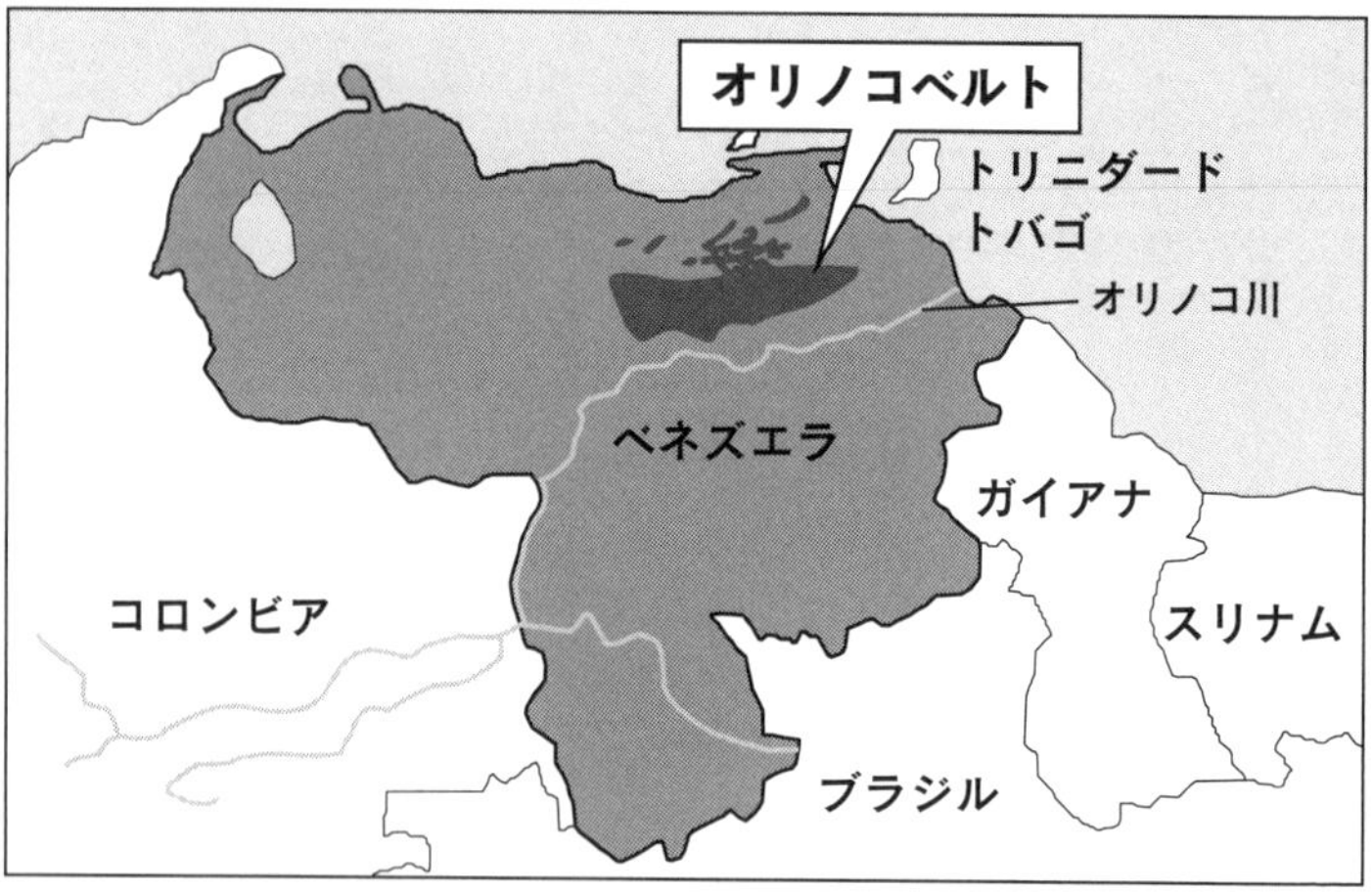


ベネズエラの地理的位置とオリノコベルト

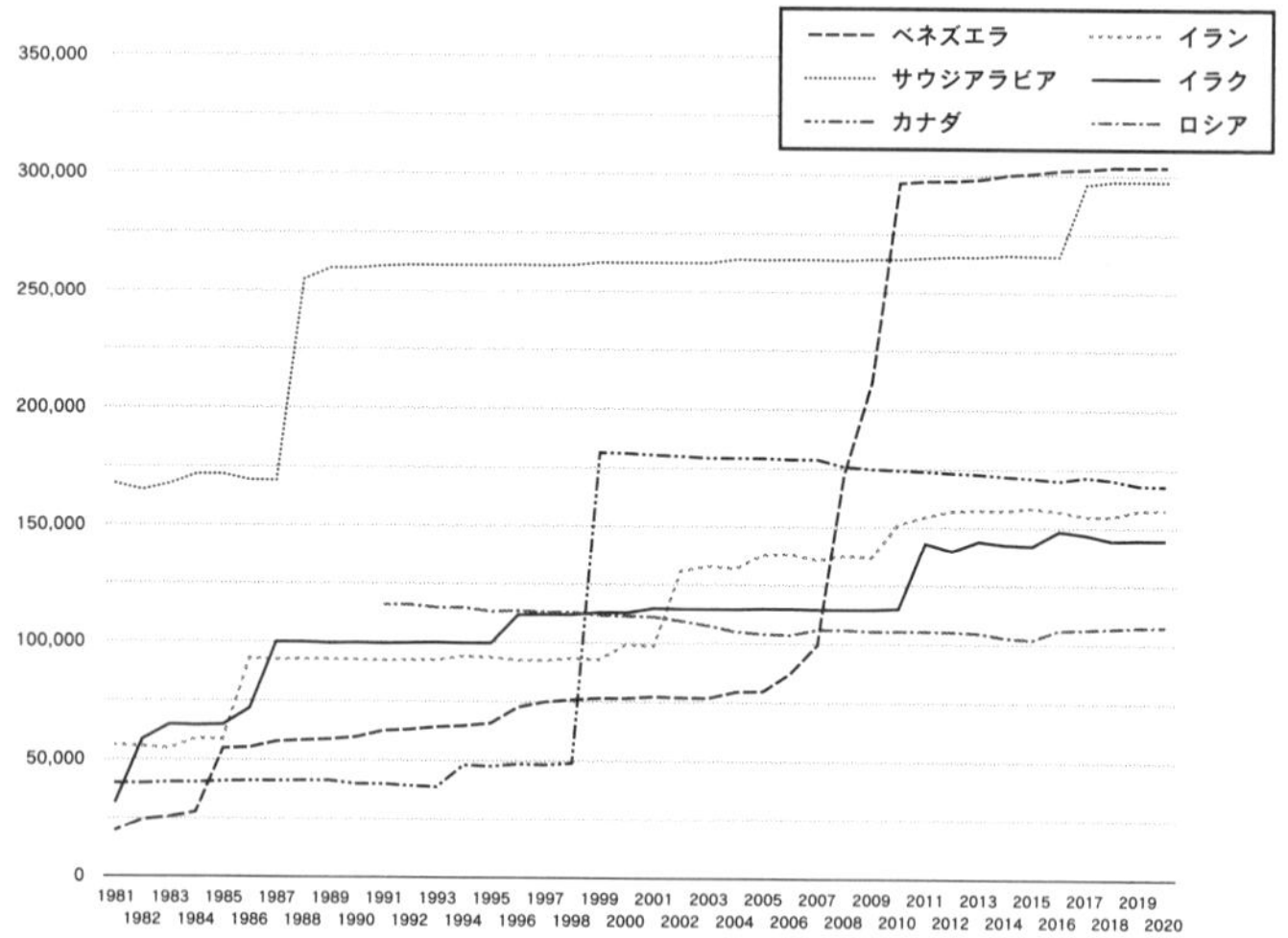


世界の原油埋蔵量の上位6か国の推移（出典：BP）［単位：百万バレル］

この間にベネズエラの国土面積が増大したという事実はありませんので、新しく油田が見つかったと考えるのが普通です。

しかし、実際はそうではなく**オリノコベルト**に賦存《ふぞん》する原油を埋蔵量として加えたからといわれています。**「賦存」とは、「確認しているわけではないけど、理論上存在している」と考えること**です。「理論的に考えれば、これくれぇはきっとあんだろ！」と考えて、埋蔵量を増やしたというわけです。この「理論上存在している場所」というのがオリノコベルトと呼ばれる地域で、ベネズエラ国内を東に向かって流れるオリノコ川の北側に位置します。

## 原油はあるのに混迷するベネズエラ経済

ベネズエラの国営石油会社にペトローレオス・デ・ベネズエラ（略称「PDVSA」、読み方は「ペデベーサ」）があります。設立されたのは1976年のことです。オリノコベルト周辺に原油の埋蔵量が多いのは、環太平洋造山帯下であることから、地体構造上の要因が考えられます。そのため、早い段階から、**国際石油資本（オイルメジャー）**によって開発が進められてきました。

しかし、自国内に埋蔵されている資源を自国の経済発展に活用したいと思うのは当然のことであり、こうした「資源ナショナリズム」の考えから資源カルテルが結成されます。それがOPEC（石油輸出国機構）です。OPEC設立は1960年のことでした。国内に存在する油田の国有化を宣言して設立されたのがPDVSA社ということです。

PDVSA社は国営企業でありながら、経営に関する政府の介入などがほとんどなかったのですが、1999年2月にウゴ・チャベスが大統領に就任して以来、政府の介入が激しくなっていきます。2007年5月には、チャベス大統領（当時）がオリノコベルトで採掘を行うオイルメジャーに対して、「開発に携わる合弁企業は、PDVSA社が60％以上の権限を持つこと」を要求し、それが実施されました。

チャベス大統領は新憲法を制定し、国名を「ベネズエラ・ボリバル共和国」と変更し、貧困対策や医療改革、農地改革、PDVSA社の統制強化など、自身の一連の改革を「ボリバル革命」と称していました。もちろん、ペルーやボリビア、ベネズエラ、コロンビア、チリなど、南アメリカの国々を独立に導いたシモン・ボリバル（1783〜1830）から採っています。ボリビアの国名も、元はシモン・ボリバルから採られたものです。チャベス大統領は反米路線、そして社会主義路線を採用していました。

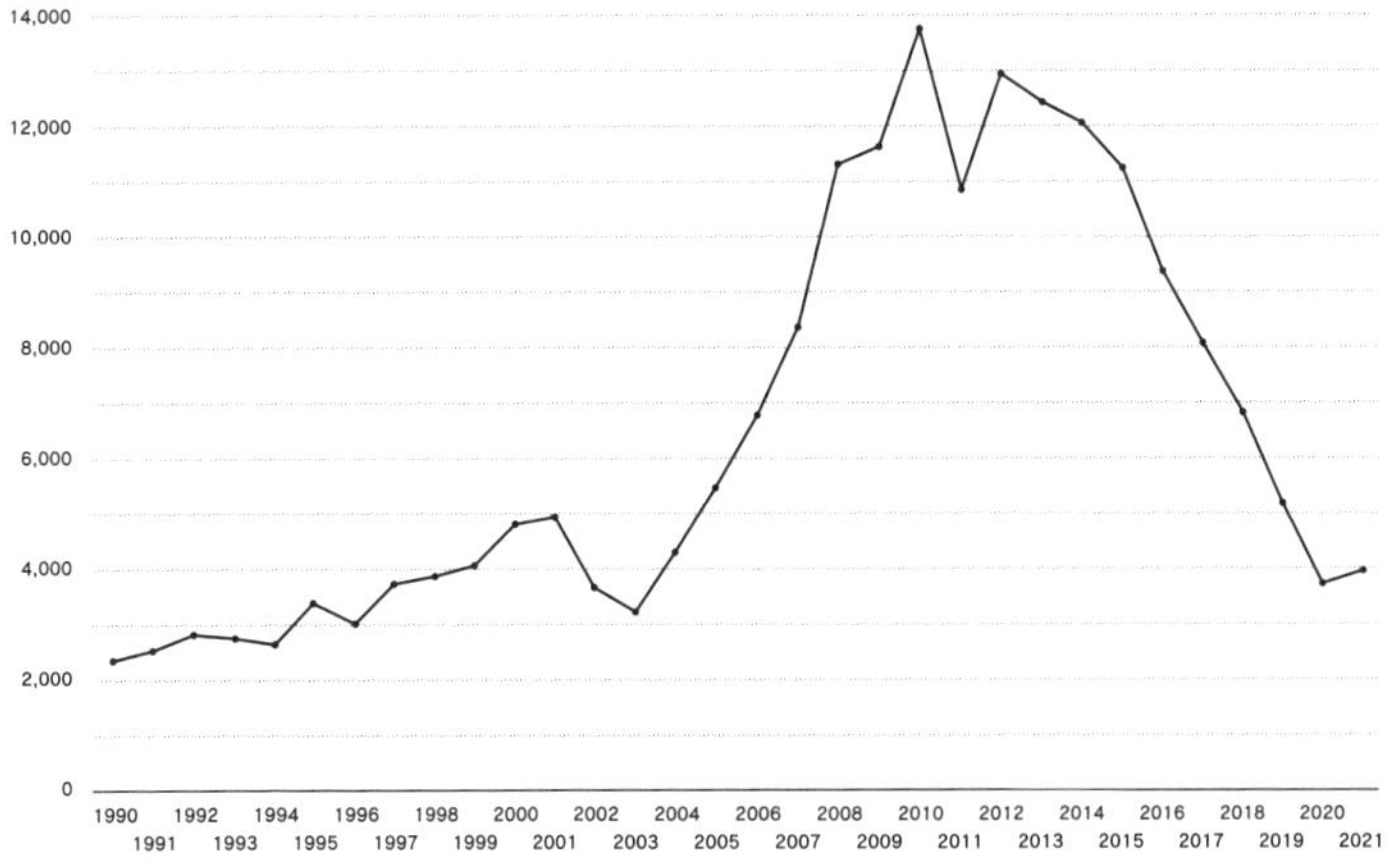


**ベネズエラの国民１人当たり名目ＧＤＰ**（出典：国際連合）［単位：US＄］

２０１３年、長らく大統領を務めたチャベスが死去、後を継いだニコラス・マドゥロ大統領（現職）はさらに独裁色を強め、議会では一党制を敷きました。チャベス時代に経済成長を見せたベネズエラですが、マドゥロ政権が誕生して以来、ベネズエラの経済は凋落の一途を辿っています。もちろん、ベネズエラの国民一人あたりＧＤＰはマドゥロ政権発足後には急落しています。

ベネズエラは典型的な石油依存のモノカルチャー経済です。最大輸出品目は「原油」であり、その割合は85・1％、次いで「石油製品」が12・5％と続くことからもそれが分かります。しかもこの統計が２０１３年というから、「よっ、さすが社会主義政権！」と皮肉の一つでも言いたくなります。つまり、原油や石油製品は、ベネズエラの貴重な外貨獲得手段なのであって、チャベス大統領（当時）が、ＰＤＶＳＡ社への統制を強化したのも分かる話です。理解はできませんが。

こうした社会主義国を一番嫌うのがアメリカ合衆国です。２０１９年には、アメリカ合衆国内にあるＰＤＶＳＡ社関連の資産を凍結し、米国企業の同社との取引は原則禁止されました。このとき、ベネズエラに民主主義を取り戻す象徴として、アメリカ合衆国をはじめ、ヨーロッパ各国はファン・グアイド暫定大統領を支持する姿勢を示しました。

ファン・グアイドはマドゥロ大統領の続投が決まった大統領選挙の正統性を否認し、「大統領不在」を理由にして暫定大統領へと就任し、選挙のやり直しを宣言した人物です。しかし、実質的な権限は何も持ち得ていませんので、いくら欧米諸国からの支持があろうとも、彼主導でのベネズエラの改革は実現しませんでした。

こうした政情不安は、ベネズエラ難民を発生させます。悲しいことに、「貧困」と「犯罪」は驚くほどに相関関係があるものです。ベネズエラでは年々、殺人発生率が増加傾向にあります。

国連難民高等弁務官事務所（ＵＮＨＣＲ）によると、ベネズエラ難民は２０２２年の段階でおよそ５４５万人に及ぶとされています。

これは世界最大のシリア難民、そしてウクライナ難民、アフガニスタン難民に次ぐ規模

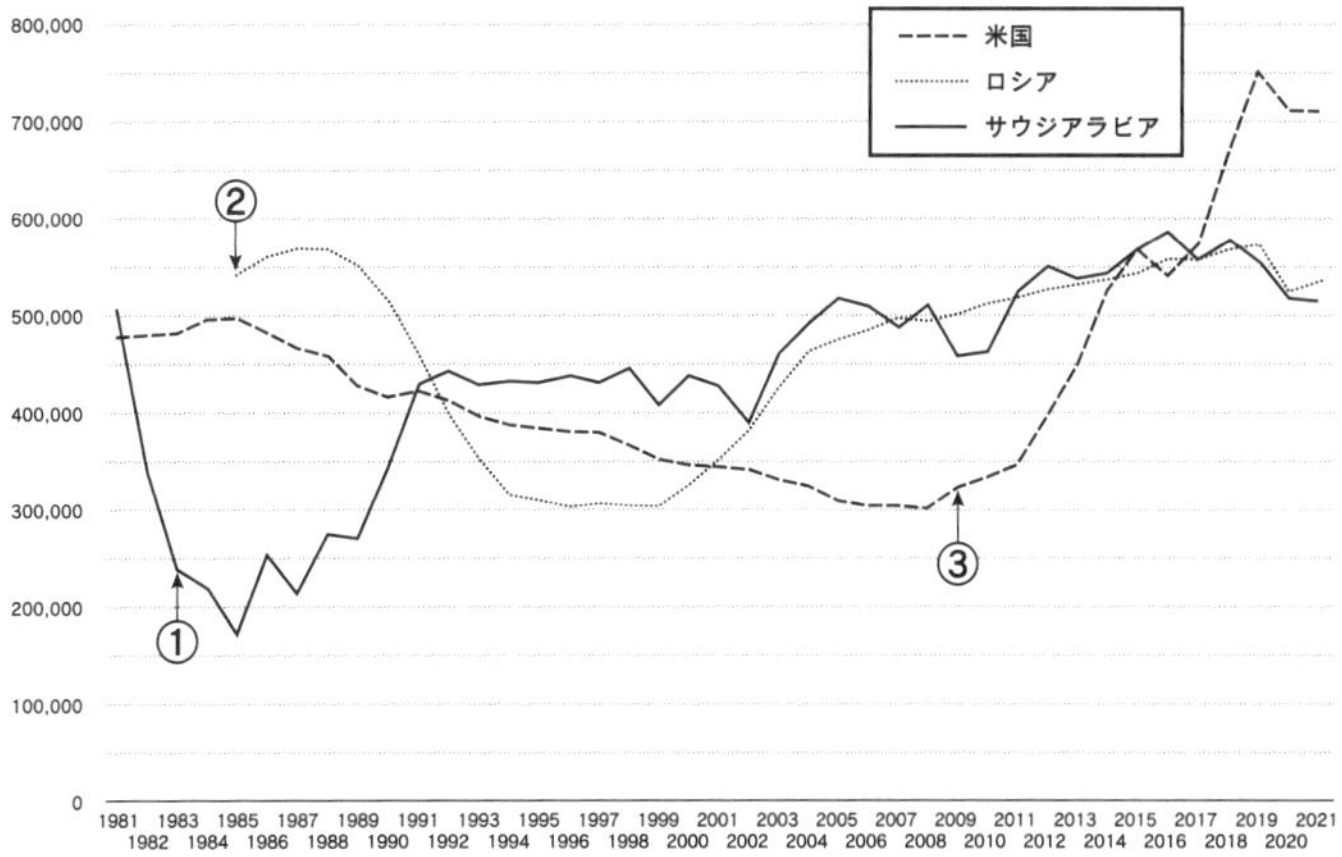


**世界の石油生産量の上位3か国の推移**（出典：BP）［単位：千トン］

であり、南アメリカ最大となっています。彼らの多くが隣国のコロンビアに渡っているとされています。

これだけ原油に恵まれているにもかかわらず、経済発展が一向に進まないのがベネズエラです。一部の政治家や官僚たちの保身、出世が優先され、国民はそっちのけ。資源を「外交カード」として利用する狡猾さすら持ち合わせていません。

「国ガチャ」って本当に存在することを、我々はかみしめなければならないと思うのです。

## 陰りが見えてきた、アメリカ合衆国の「シェール革命」

2017年より、世界最大の石油生産量（産出量）はアメリカ合衆国です。

１９８０年代半ばまで、サウジアラビアの生産量が減少したのは、いわゆる「逆オイルショック」が背景にあり（35頁図①）、ロシアの統計が１９８５年からとなっているのはゴルバチョフの書記長就任によってペレストロイカが採用されたことで情報が公開されたからといえます（35頁図②）。

そして、２０００年代終わり頃からアメリカ合衆国の生産量が急増しており、これがいわゆる**シェール革命**です（35頁図③）。

「シェール」と呼ばれる頁岩《けつがん》には油母（ケロジェン）を含んだものがあり、これをオイルシェールといいます。このオイルシェールから取り出された原油がシェールオイル、天然ガスはシェールガスとそれぞれ呼ばれます。

これらは２００６年頃からアメリカ合衆国で開発が始まりました。こうしてアメリカ合衆国は原油、天然ガス、ともに世界最大の生産量を誇るまでになりました。これはアメリカ合衆国内における火力発電の燃料が石炭から天然ガスへ転換するのを促し、輸出余力が増大した石炭の輸出量が増加傾向にあります。

さて、最近では**アメリカ合衆国を世界最大の石油生産国へと後押しした「シェール革命」に陰りが見えつつあるのではないかという懸念**が顕在化しています。

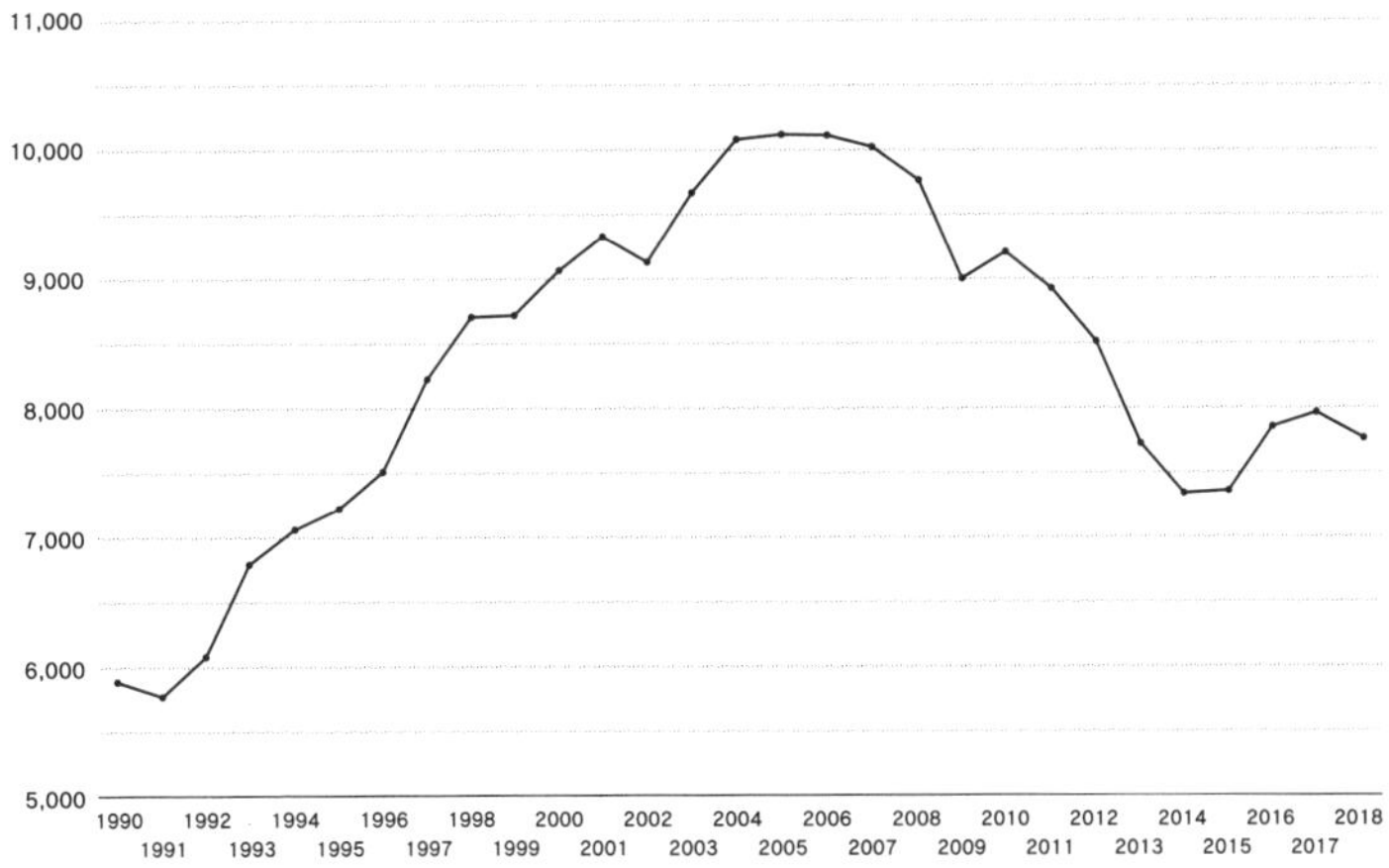


**アメリカ合衆国の石油輸入量の推移**(出典：EIA)[単位：千バレル／日]

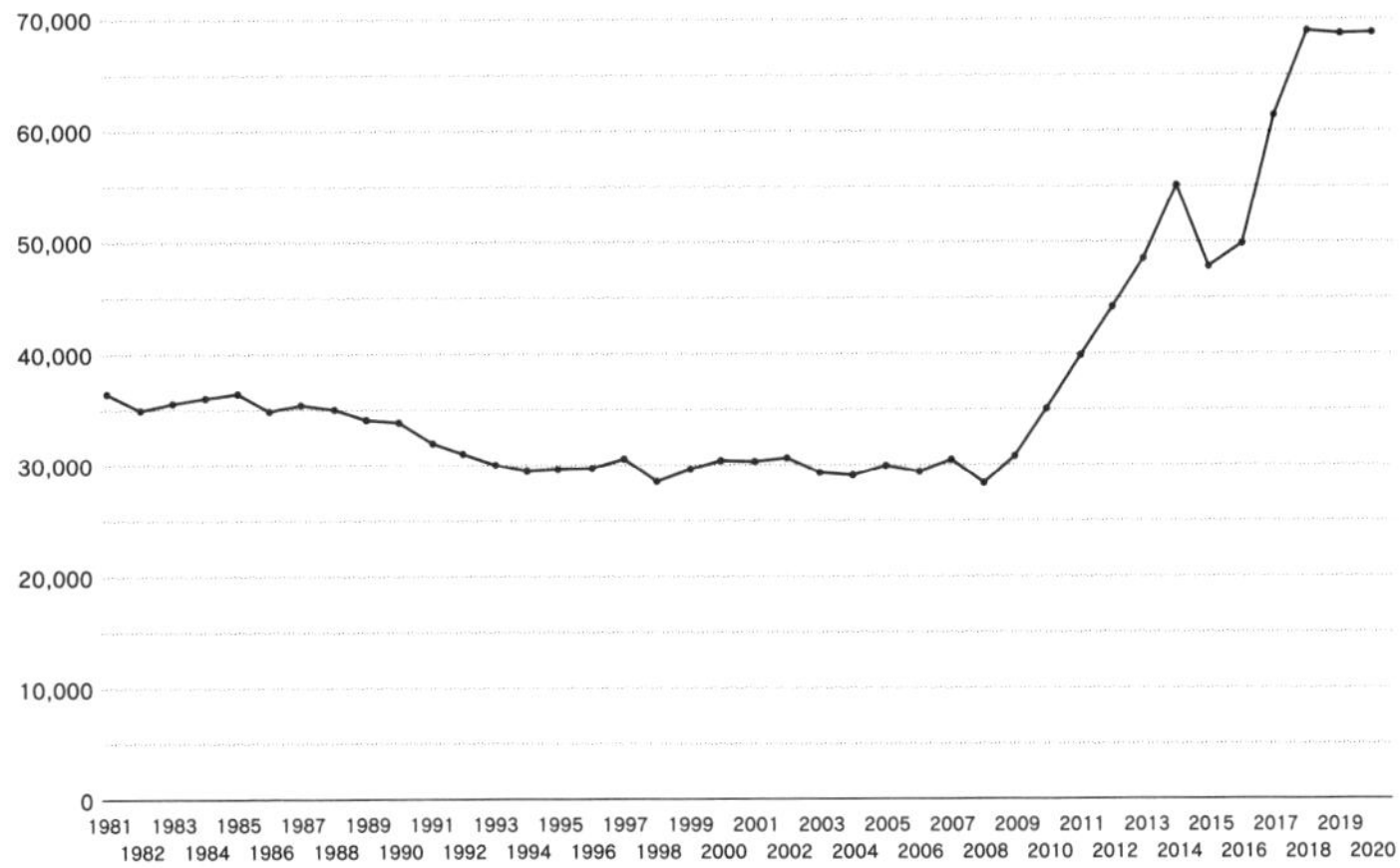


**アメリカ合衆国の原油の埋蔵量**(出典：EI)[単位：百万バレル]

「アメリカ合衆国の原油」と聞いて、まず思い出すのはパーミアン盆地ではないでしょうか。拙著『おもしろすぎる地理』(だいわ文庫)でも解説した、テキサス州からニューメキシコ州にまたがる地域ですが、地図帳にも記載されていない盆地であり、入力しても「パー見アンボン値」と変換される、あの盆地です。

実は、そのパーミアン盆地での生産量が頭打ちの兆候が見られるとの指摘があるようです。30頁の「世界の原油埋蔵量の上位6か国の推移」に、アメリカ合衆国の名前はありませんでした。アメリカ合衆国の原油の埋蔵量は世界9位であり、その量はベネズエラの22・6%しかありません。

アメリカ合衆国の原油埋蔵量は2010年頃から増加に転じていますが、これはフラクチャリングという技術の開発によってシェールの開発が可能となったことから、「新たなる油田が発見された!」と同意と考えられます。

**エネルギー政策こそ、国家安全保障政策の最たるものです。**耳に心地のよい言葉で「地球温暖化防止!」といいつつ、「再生可能エネルギーへと舵を切ろう!」と考えるのは頭の中にお花畑が広がっている証拠です。現実はそんなに甘くありません。アメリカ合衆国は他国へのエネルギー依存度が上昇傾向にあった、つまり石油輸入量が増加傾向にありましたが、シェール革命によって生産量が増加したことで、輸入量は減少傾向へと転じていました。そして、輸出を拡大するまでに至りました。

思えば、1935年当時、世界最大の石油生産量を誇っていたのはアメリカ合衆国でした。それもそのはずで、地下に眠る原油の採掘技術を持っている企業がアメリカ合衆国に集中していたからです。当時の日本は石油の全輸入量4204千kLのうち、アメリカ合衆国から2749千kLを輸入していました。割合にすると65・4%と高く、特定の国にエネルギーを大きく依存するという、実に危険な状態だったわけです。

そんな中、1941年7月25日になると、アメリカ合衆国は日本軍の仏領インドシナ（現在のベトナム、ラオス、カンボジア）への進駐を理由に在米日本資産の凍結を行い、8月1日には日本を含む、いわゆる「侵略国」への禁輸措置を執ります。これが、いわゆるアメリカ合衆国（America）、イギリス（Britain）、中国（China）、オランダ（Dutch）によるABCD包囲網の最終段階であり、日本は経済的打撃を受けることとなります。そこで日本は、東南アジアへと原油の供給地を求めていったわけです。

アメリカ合衆国もあの時の対日措置と同じことをされたら、日本と同じ行動を取るでしょう。それを、当時は存在しなかった「侵略」という罪を着せられ裁かれたわけです。「東京裁判」が「ショー」であったことはいうまでもありません。

まさしく、**「経済は土地と資源の奪い合い」で示される好例**であり、はたまた戦争へと発展してしまいました。そう考えると、まさに人間の歴史は、同じことの繰り返しといえるのではないでしょうか。「何かに両足を乗せている状態」というのは実に危険なことです。安全保障のために考えるべき最たるものは、リスク分散といえます。

資源は重要な「外交カード」になるからこそリスク分散を考えなければなりませんし、2010年に日本が中国からレアアースの輸出規制をされたことを思い出せば、深く実感できるはずです。

## OPECが世界のエネルギー流通を支配する？

話を戻しますが、米国エネルギー情報庁（EIA）によると、アメリカ合衆国の原油の輸入先を見ると、カナダ（36％）を筆頭に、次いでメキシコ（11％）、以下イラク（9％）、サウジアラビア（9％）、ロシア（7％）と続いています。これは2021年統計ですし、ロシアによるウクライナ侵略以降、G7はロシア産原油の輸入禁止で合意していますので、ロシアの割合は今となってはほとんどゼロと考えられます。

また、ロシアによるウクライナ侵略を受けて、オランダはロシアからのエネルギー資源の輸入を停止しています。オランダはライン川が注ぐ地理的優位性を活かして、ロシアか

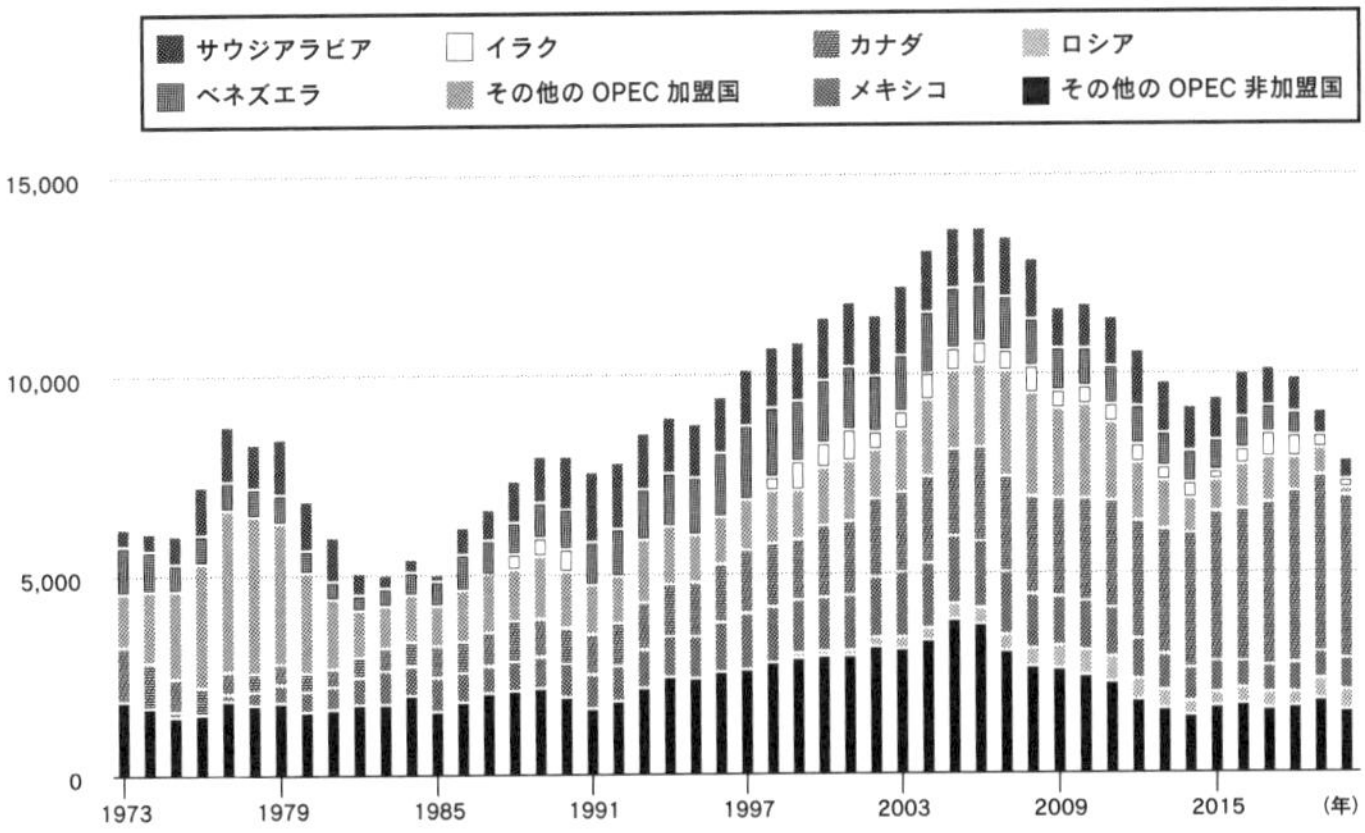


**アメリカ合衆国の原油輸入相手国とその割合の推移**
(出典：EIA)［単位：千バレル／日］

ら「原油」を輸入して加工し、ライン川を利用して「石油製品」を輸出する国です。そのため、たった1600万の人口規模のオランダが、長らくロシアの最大輸出相手国でした。これは拙著『経済は地理から学べ！』（ダイヤモンド社）にも書いた内容ですが、発行から6年が経過した今、『経済は地理から学べ！・改』、もしくは『続・経済は地理から学べ！』のような書籍を書きたいものです。それだけ、「地理とは、歴史の最新のページ」であるということです。

さて、上の図はアメリカ合衆国の原油の輸入相手国とその割合の推移を表したものです。これによると、アメリカ合衆国の原油輸入量のうち、サウジアラビアからの原油輸入量の割合が近年では減少傾向にあることが分かります。もちろん、原油輸入先の多様化も考えられますが、やはり「シェール革命」によってシェールオイルやシェールガスの生産量が増加したことが大きいように思えます。

アメリカ合衆国とサウジアラビアの関係性がギクシャクし始めたのも、「シェール革命」がきっかけだったといえるでしょう。つまり、アメリカ合衆国は原油の供給地としてサウジアラビアを重要視していたわけですが、生産量の増大を背景に「今までは、おめぇらから原油を買ってたから政治のやり方には目をつぶっていたけど、俺たちの国でも原油を掘れるようになったから、もう言いたいことは言わせてもらうぜ！」といったところでしょうか。

しかし、「シェール革命」に陰りが見え始めていることを考えれば、高いコストをかけてまで産油量を増やすよりは、設備投資を減らして高い利益を出すよう、投資家たちの圧力が高まることは予想されます。

結局、世界のエネルギー問題は1970年代や1980年代に戻るのではないでしょうか。つまり**OPECがエネルギー流通を支配する**ということです。現在は、これにロシアなどの非OPEC産油国が加わって「OPECプラス」の枠組みが形成されていますので、「OPECプラスがエネルギー流通を支配する世界」が訪れると考えられます。

私は、西側諸国による電気自動車（EV）の普及拡大を狙う目的は、OPECプラスに世界のエネルギー流通の主導権を握らせないためだと、自身のメルマガなどでずっっっっっっっっっと言い続けてきました。**本来は「目的」であるはずの地球温暖化防止という概念が、「手段」として利用されている現実があるわけです。**

再生可能エネルギーにも一長一短があるにもかかわらず、グリーン・ガスライティング（242頁で解説）に支配されて盲信してしまう人が続出中です。また太陽光発電に必要なソーラーパネルが、中国の石炭火力発電によって作られた電気を利用して生産されている現状を考えれば、「全く脱炭素になってねぇじゃねぇか！」という状況です。

さて、アメリカ合衆国とサウジアラビアの関係性が薄れていくと、ここで俄然注目しなければならないのがイスラエルです。

次からは「イスラエルと周辺諸国」を中心にまとめていきたいと思います。

# 生き延びるためにしたたかに動くイスラエル

確固たる定義はありませんが、アラビア語を公用語とし、国民のほとんどがイスラームを信仰する国を「アラブ人国家」と考えれば、西アジアの多くの国がアラブ人国家です。西アジアでアラブ人国家ではない国といえばいくつかありますが、やはりいつも話題に上がってくるのはトルコ（公用語はトルコ語）、イラン（公用語はペルシャ語）、そしてイスラエル（公用語はヘブライ語とアラビア語、宗教はユダヤ教）です。

ユダヤ人はもともとパレスチナの地で暮らしていた民族でしたが、ローマ帝国に滅ぼされたことでディアスポラ、いわゆる「流浪の民」となって世界中に散っていました。そして、1894年にフランスで起きたドレフュス事件をきっかけにシオニズム運動が本格化します。

## アラブ人国家に囲まれるユダヤ人国家

ドレフュス事件は反ユダヤ主義が横行するきっかけとなり、これを取材していたジャーナリストのテオドール・ヘルツルにユダヤ人の故地に帰って祖国を再建するという思想が生まれていきます。ヘルツルはハンガリー生まれのユダヤ人であり、フランスのパリに滞在中、ドレフュス事件に遭遇したことで祖国再建の強い気持ちを抱きました。

**シオニズム**（Zionism）とは、シオン（Zion）とイズム（ism）の合成語、そしてシオンとはエルサレムの古名です。つまりシオニズム運動とはユダヤ人のナショナリズム運動であり、かつて先人のユダヤ人が暮らしていたシオンに再び祖国を建国しようという運動です。しかし、ユダヤ人がパレスチナを追放されてからは、彼の地にはアラブ人が住み着いていたわけで、現在「パレスチナ人」といえばアラブ人のことを指します。

第一次世界大戦中にイギリスの「二枚舌外交」によって翻弄されますが、第二次世界大戦後の1948年にはイスラエルが建国されて現在にいたります。しかし、これがユダヤ人とアラブ人との対立を生み、周辺のアラブ人国家に囲まれたイスラエルは四面楚歌の状態となっていくわけです。この争いは中東戦争へと発展し、1973年まで4回発生しました。特に1973年の第四次中東戦争は第一次オイルショックを引き起こし、それまでの重厚長大型の素材供給型産業から、軽薄短小型の加工組立工業へと産業構造の転換がみられました。

「四面楚歌」のイスラエルは、先端技術産業に力を入れ、国防力を高めてきました。**いつの時代も先端技術産業は軍事産業と結びつくものです。**アメリカ合衆国のような軍産複合型の国家だからこそ、絶えず新しい技術が開発されていくのだと思います。イスラエルは2000年には高等学校においてプログラミングが必修化されており、点滴灌漑《かんがい》の技術開発で80％を超える食料自給率を達成するなど、ある種、「ピンチをチャンスに変えた国」といえます。

資源のない国だからこそ、「四面楚歌」だからこそ、技術力を高めることに心血を注ぎ国家としての独立を維持してきたといえます。そういう意味では、「人は資源なり」を地で行く国なのかもしれません。こうした状況は日本も同様ですが、教育に予算をあまり割かずに、技術は簡単に流出してしまうという「自滅の刃」を地で行く国になりつつあります……。

さて、そんなイスラエルですが、国交を樹立しているアラブ人国家があります。1979年にエジプト、1994年にヨルダンとそれぞれ国交を樹立しました。特にヨルダンは2021年11月に、イスラエルと水・エネルギー分野で協力することが合意されました。ヨルダンの首都アンマンの年降水量はおよそ270㎜しかないため、大規模農業経営は困難といえます。そこで点滴灌漑を開発して食料自給率を高めたイスラエルとの協力体制が築かれたというわけです。

イスラエルはヨルダンへ水を輸出し、さらに海水を淡水にするプラント建設を進めることとなりました。またヨルダンはイスラエルへ電力を輸出し、その電力は太陽光発電によって発電することとなりました。降水量が少ないということは雨雲ができないということですので、太陽エネルギーの到達量が大きいわけですから、太陽光発電には最適な自然環境といえます。ヨルダンは太陽光発電割合は2014年時点で0%でしたが、2021年にはおよそ16%にまで割合を高めています。

資源というのは、何も鉄鉱石や石炭、原油、天然ガス、レアメタルなどといったものだけではありません。水も貴重な資源であり、西アジア諸国においてはそれが顕著です。イスラエルとヨルダンは水という資源で利害が一致しているといえます。

こうして、お互いが足りないもの同士を補完し合い、相互扶助が進めば世界が平和になるのかもしれないと思いますが、人類の歴史を見ればそうは問屋が卸さないわけで、資源の独占をもくろむ人たちがいるわけです。

## 「敵の敵は味方」

西アジア地域ほど複雑な国家関係が築かれている地域は、世界中を見渡してみても他にないのではないでしょうか。多くの日本人が「西アジア＝イスラーム」と認識しているようにも思えますし、「スンナ派？　シーア派？」くらいの区別は付くとしても、必ずしもスンナ派国家同士が協力関係にあるわけではなく、アメリカ合衆国や中国、ロシアといった「外」からの影響力も加わって情勢を複雑にしています。

前述のイスラエルとヨルダンの協力関係の合意については、アラブ首長国連邦（ＵＡＥ）が仲介しました。ユダヤ人国家であるイスラエルと、アラブ人国家であるＵＡＥが接触していることにも驚きですが、結局のところアメリカ合衆国とイランとの関係が背景にあるように思えます。

１９７９年のイラン革命によってアメリカ合衆国とイランは国交を断絶し、その後２０１３年にイランのハサン・ロウハニ大統領（当時）とアメリカ合衆国のバラク・オバマ大統領（当時）の電話会談まで両国首脳による会談は行われていませんでした。この電話会談によりアメリカ合衆国とイランの関係が改善し、経済交流が拡大するかに思われましたが、結局はドナルド・トランプ大統領（当時）の誕生によって水泡に帰することとなりました。

1980年にイラン・イラク戦争が勃発したさい、サウジアラビアは同じアラブ人国家であるイラクを支援しました。アメリカ合衆国も「敵の敵は味方」とばかりにイラクを支援します。そしてイスラエルとヨルダンの協力合意がなされた2021年11月から遡ること1年3か月前の2020年8月13日、仲介役だったUAEはイスラエルと国交正常化を実現しています。**「アブラハム合意」**です。

こうなれば、西アジアにおいてカギとなるのがサウジアラビアです。私は以前、Yahoo! JAPANニュースに寄稿したコラムにて、以下のように書いています。2020年8月14日のことです。

「アメリカ合衆国とイランとの関係は、なかなか改善の兆しを見せません。『敵の敵は味方』という言葉があるように、中東地域においてイランを孤立させようと、アメリカ合衆国が取った手段として、『イスラエルとアラブ首長国連邦との国交正常化』ということではないでしょうか。まずはアラブ首長国連邦、そしてアメリカ合衆国を仲介としてサウジアラビアがイスラエルを国家として認める日が来るのかもしれません。すべては『対イラン包囲網』を強化するためといえるのではないでしょうか。[*2]」

3年も前に書いたものですが、最近ではそれが現実的に動き始めています。サウジアラビアとイスラエルの国交正常化を実現すべく動くアメリカ合衆国に対して、サウジアラビアは「安全保障の確約」「民政用核開発の支援」を求めているようです。

それはやはり、イランの存在が大きいからです。イランは核開発を進めているだけでなく、ロシアへの軍事支援も行っています。そのためサウジアラビアとイスラエルの国交正常化は対イラン包囲網には必要不可欠な状況となっているようです。もちろん、これはサウジアラビアとイランとの対立がより鮮明になりかねないわけですから、他のアラブ人国家からも懸念の声が上がっていることは確かなようです。

しかし、サウジアラビアはこれまでの石油産業だけでは、世界に影響力を持ち続ける国家としての存続は難しいと考えている節があり、今後は観光業なども発展させ、経済の多角化を目指そうとしています。2020年1月にはサウジアラビアを訪問した安倍首相（当時）をムハンマド・ビン・サルマーン王太子（MBS）が夕食会を開いて歓迎するなどしています。

サウジアラビアの新たなるビジネスの発展を考えれば、イスラエルとの安全保障関係の構築は必須といえますし、イスラエルとの技術協力なども喉から手が出るほど欲しいことでしょう。もちろん、ジョー・バイデン大統領が中東外交でなかなか成果を上げられていないことを考えれば、サウジアラビアとイスラエルの国交樹立の仲介役としての名声を勝ち取ることができます。つまり、3か国の利害関係が一致していると考えられます。

何より、サウジアラビアにはメッカとメディナという二大聖地が存在するため、サウジアラビアがイスラエルとの国交樹立を実現すれば、他のアラブ人国家にも安心感を与えることとなり、西アジア諸国での「対イラン包囲網」はより強固なものとなります。

しかし、一方でこれを良しとしない勢力もあります。もちろんパレスチナです。「パレスチナ」ときけば、パレスチナ地域と認識しがちですが、実は「パレスチナ国」という国家が存在します。日本政府は国家として認めておりませんが、138の国連加盟国が国家として認識しています。つまり、サウジアラビアとイスラエルの国交が樹立されれば、パレスチナ国の完全なる独立国家としての行く末が絶たれてしまう可能性もあるわけです。

＊2 イスラエルとUAEの国交正常化が「歴史的合意」である理由とは!? 対イラン包囲網の強化と中東戦争
https://news.yahoo.co.jp/byline/miyajisyusaku/20200814-00193260

「ずっと昔に俺たちが住んでたんだから、お前ら出ていけ！」と言われたのがパレスチナの人々です。もちろんこれを言ったのはユダヤ人でありますので、イスラエルとパレスチナ国との対立は根深い物があります。そして、諸外国のパレスチナ人に対する同情もまた強いのです。この状況で、サウジアラビアがイスラエルと国交樹立を目指すのは容易ではありません。また仲介役であるアメリカ合衆国の国内においては、サウジアラビアに対する支援が、サウジアラビアとイランとの軍拡競争に繋がるのではないかという懸念もあるようです。

## サウジアラビアの「キーパーソン」とは？

しかし、2023年3月10日、サウジアラビアとイランが外交関係を回復させることに合意しました。しかも合意を仲介したのが中国でした。これは、本章冒頭でも触れたとおりです。サウジアラビアはアメリカ合衆国に安全保障を求める一方で、イランとの外交関係を回復させる、これは「二枚舌外交」なのではないかとすら思えてきます。

個人的には、サウジアラビアが「稼げるときに稼げるだけ稼いでおこう！」という方針を示しているように思えます。

現在のサウジアラビア国王は、サルマーン・ビン・アブドゥル・アズィーズですが、**実質的な指導者は息子であり王太子のMBS**です。サウジアラビアとイランの外交関係の回復は、「西アジア地域の政情安定」に繋がるという大義名分があるわけですから、いくらアメリカ合衆国が「対イラン包囲網」の強化を目指しているとはいえ、これをアメリカ合衆国が非難する理由を見出すことはできません。

もちろん、サウジアラビアの対中原油輸出が増加傾向にあることを考えれば、仲介役を果たした中国との関係強化へ繋がります。ロシアによるウクライナ侵略以降、エネルギー価格の高騰が続いていて、やはり「稼げるときに稼げるだけ稼いでおこう！」と考えるOPECプラスは減産の意向を示しました。

2022年10月から行われた減産は、アメリカ合衆国で中間選挙が控えていたこともあってのことであり、アメリカ合衆国というよりはバイデン大統領に冷や水を浴びせることが目的だったように思えますが、今回はまさしく**「最後の石油ブーム」を演出する意図**があるように思えます。

やはりサウジアラビアは石油産業への依存度を低くしようと経済の多角化を模索しているわけであり、その証拠にサウジアラビア国営航空会社の設立を発表しています。これによってサウジアラビアとボーイング社との間で既存の分も合わせて370億ドル分の民間航空機の購入についての契約が成されるといわれています。もちろん、アメリカ合衆国にとっても良い話ですし、サウジアラビアのアメリカ合衆国への影響力を維持したい狙いが見え隠れします。

「果たしてサウジアラビアはアメリカ合衆国につくのか？　中露につくのか？」、こうした二元論的な考えはそもそもサウジアラビア、ひいてはＭＢＳにはないのだと思います。したたかに、そしてしなやかに外交関係を上手く構築しているように思えます。それもこれも、原油という強大な資源を抱えているからに他なりません。

確かにロシアによるウクライナ侵略はとんでもない話ですが、これを好機と捉えたのがＭＢＳといえます。ロシアとの関係を密にし、イランとの外交関係を回復させることでＯＰＥＣプラスのエネルギー支配力を維持し、エネルギー価格の高騰を好機と捉えて対中原油輸出を拡大させた。一方で、イランとの外交関係の回復は西アジア地域の政情安定に繋がるという大義名分を作り出して、アメリカ合衆国からの支援を要求してイスラエルとの関係改善に向けて動き出しました。またウクライナに対して4億ドルの人道支援を発表し、さらにロシアの外務大臣との会談で戦争終結の仲介を申し出ました。

中々にして、したたかなＭＢＳです。

こうした状況を考えれば、「地球温暖化防止のために、電気自動車を普及させるぞ！」といった空気感は何だったのでしょうか。虚無としかいいようがありません。

世界のエネルギーの主導権争いでしかなかった「ガソリン車vs EV車」、つまり「OPECプラスvs OECD」の戦いは、MBSの台頭であっけなく幕を閉じる日が近いのかもしれません。

Column

# 「流行り言葉」に惑わされると真実から遠ざかる

いつの時代にも、流行りの言葉があります。

しかし、口語表現なり、文語表現なり、その流行りの言葉を使うとき、言葉がもつ意味を正確に理解している人はどれくらいいるでしょうか？

「一発で相手に意味が伝わる文章を書きなさい」

これは、私が代々木ゼミナールの授業にて論述指導をするさい、生徒たちに口を酸っぱくして伝えていることです。大学入学試験において、受験生と採点者は答案用紙という「一枚の紙切れ」においてのみ出会うことができるのであって、後日、大学から呼び出されて、

「君、この解答についてだが、一体どういう主旨にてまとめたのかね？」

といったすり合わせが行われることはありません。

だからこそ、「一発で相手に意味が伝わる文章」を書く必要があるのです。

そのさいに、受験生の世代で流行っている言葉を用いて解答を作成する……、なんて

ことはないとは思いますが、もし、そんなことをやってしまっては、間違いなく「サクラ散る……」の電報が届くことでしょう。あっ、今時、電報で合否が送られてくることもありませんね。

つまり、言葉というものは、その言葉のもつ意味を発信者と受信者が共有している環境下においてこそ用いることができますが、多くの場合でほとんど意識されることがありません。

巷間、ビジネスの世界で言われている、「カタカナ語」などが典型例といえます。相手が言葉の意味を理解しているか否かなどは関係なく、「エビデンス」「アサイン」「フィックス」など、「あれ、それってドラクエの呪文にあったっけ？」と勘違いしてしまいそうなカタカナ語をさも当然のように使う人がいます。そして、知らない方が悪いといったような態度で来られた日には、こちらも思わず拳を握りしめてしまうわけです。日常生活において見聞きする言葉で、そもそもその言葉を使っている本人も意味を理解していないのではないかと思う場面が多々あります。

「地政学」が典型例ではないでしょうか。

「地政学」とは、「一般に地理的な要因が国際政治に与える影響を研究する学問」と解釈されることが多いように思います。最近ではもはや、「地政学的リスクを要因とした云々」といった表現を聞くことが日常茶飯事です。そもそも、「〇〇学」という、あたかも既存学問かのような言い方をしていますが、小学校、中学校、ましてや高等学校で一度でも聞いたことがあったでしょうか？　そして、大学において「地政学科」や「地政学教室」を設置している大学があるでしょうか？　「地政学」の学位を授与している大学があるでしょうか？

少なくとも、私は聞いたことがありません。

では、具体的に「地政学的リスク」とはどのようなものなのでしょうか？

もちろん、私は大学で地理学を修めた地理学プロパーですから、かつて京都大学の地理学者たちが、「地政学」の名を借りて戦争に加担した歴史があることくらいは知っていますし、「生存圏の拡大」を掲げて、ナチス・ドイツが戦争を始めたことも知っています。

しかし、現代において「地政学とは？」と問われれば、きっと十人十色の答えが返ってくるのではないかと思うほど、確固たる認識が存在していないように思います。

「地政学」という言葉を使っても、ふわっと、何となく、分かったような分からないような感覚でしか捉えられていないのが現状ではないでしょうか。だからこそ、『経済は地理から学べ！』（ダイヤモンド社）に限らず、書店において拙著が「地政学コーナー」に置いてあるのを見ると、言語化できない、いや言語化できるけど、してしまうともはや放送できないような感情を抱きます。そして、目の幅で涙が出るわけです。

他にも、最近では「グローバルサウス」なんて言葉を見聞きするようになりました。これは「北半球の先進国と対照的な、南半球の途上国や新興国」を意味する言葉として用いられることが多いようです。

流行りの言葉を使うのが悪いというのではなく、その言葉の意味を正確に理解した上で使わなければ、認識は真実から遠ざかるのだと思います。

流行りの言葉が登場すると、メディアやSNSを通じてあっという間に広まります。その早さゆえに、我々は言葉の意味を理解することを疎かにしがちで、「なんとなく」その言葉を使っているに過ぎなくなってしまいます。それは、認識を危ういものにし、根拠のない判断を選択してしまうだけでなく、他者が発信する情報を精査しない、またはできない状況に陥ります。

しかし、言葉の意味を正確に理解していれば、入ってくる情報を自分で精査することができます。

それだけ、我々は言葉に支配されているのです。

# 第2章

# 中国の思考は「債務の罠」から見えてくる

## 観光業への打撃で「債務の罠」に陥ったスリランカ

**「債務の罠」とは相手国を借金漬けにすることで、言うことを聞いてもらう外交政策です。これを至る所でやっているのが中国です。**

「債務の罠」は、インドの民間シンクタンクである「インド政策研究センター」のブラフマ・チェラニー教授による造語です。

チェラニー教授は、インド政府の国家安全保障会議の顧問を務め、また外務大臣の政策諮問グループの一員でもあります。国家戦略のプロといえば分かりやすいでしょうか。インドはバングラデシュやパキスタン、ブータン、ネパール、中国と国境を接していること、また近隣には政情不安が続くアフガニスタンが位置していることなどから、こうした国家戦略については必然的に研究が深化していくのでしょう。

日本においても戦国時代であれば、各戦国大名たちが隣接する大名たちとの力関係を意識して覇権を競い、国盗り物語を描きました。しかし、日本は周りを海に囲まれた島国であり、他国と陸続きとはなっていないため、なかなか「国家戦略を地図上で描く」ことが苦手です。

さて、チェラニー教授のスタンスとして、インド初代首相のジャワハルラール・ネルーに対し、「彼が失政をおかしたために、北東部のアンナチャルプラエシュ州への中国軍の侵攻を許してしまった！」との評価を与えているのは有名です。

また近年では、中国がアフガニスタンに興味を示している理由として、アフガニスタンが有する豊富な鉱産資源に注目していると指摘し、そのためインフラ整備などの経済支援を「えさ」にして「債務の罠」を図ろうとしているとも指摘しています。

さて本章では、中国の「債務の罠」について解説していきます。

## スリランカが「債務の罠」に陥るまで

**「一帯一路」**とは、2014年11月に中国・北京で開催されたAPEC（アジア太平洋経済協力）首脳会議にて提唱された構想のことで、正式名称は「シルクロード経済ベルトと21世紀海洋シルクロード」といいます。

「一帯」とは**中国とヨーロッパを陸路で結ぶ経済ベルト**のこと、「一路」とは**中国沿岸部から東南アジア、南アジア、アラビア半島、アフリカ東部を結ぶ海路による経済ベルト**のことをそれぞれ指します。このことからも、「一帯一路」という通称よりは、正式名称で表した方が実は分かりやすいといえます。

スリランカは南アジアに位置する国であり、中国の「一帯一路」に共鳴していました。中国から高い金利の融資を受け、2010年に港湾設備（ハンバントタ港）を建設しましたが、結果、高い金利が響いて返済不能に陥ったため、2017年になるとハンバントタ港の経営権を中国国有企業に99年間リースする契約を結ぶ羽目となりました。

これこそが「債務の罠」であり、スリランカ財政は債務不履行直前にまで悪化したため、債務再調整を要請しました。スリランカの対中債務はおよそ34億ドル。特にコロナ禍における経済状況の悪化が背景にあるとの認識を示しています。この要請に対して、中国の王毅外相は明言を避けました。

スリランカを含めた南アジア諸国はイギリスの植民地支配の経験をもちます。そのため、インドやスリランカでは対英輸出用の茶の栽培が古くから行われていました。基本的に茶は「高温多雨、かつ水はけや風通しの良い土地」を好むので、イギリスのような高緯度に位置する国（ロンドンはおよそ北緯51度）では栽培できません。

こうしてスリランカは現在においても、茶の輸出が盛んな国であり、他には天然ゴムを栽培してタイヤを生産・輸出するなどしています。

スリランカはかつて「セイロン」と呼ばれていたこともあり、スリランカの茶は「セイロンティー」として有名です。また輸入品目の上位を機械類や自動車が占めることから、典型的な途上国型の貿易体制となっています。

また1983年から続いた内戦がようやく終わったのは2009年のこと。スリランカ最大の民族であるシンハラ人（アーリア系、上座部仏教を信仰）とタミル人（ドラヴィダ系、ヒンドゥー教を信仰）が長い間対立していました。少数のタミル人に対して、1949年には選挙権を剥奪、1956年には公務員から排除するなど深い確執がありました。2009年に停戦すると、治安が良くなったこともあり、順調に外国人観光客が増えていた矢先、コロナ禍へと突入して観光業が大打撃を受け、経済状況が悪化したというわけです。

これによって深刻な財政難に陥ったため、スリランカから中国へ「泣き」が入ったというわけです。国際信用格付け会社フィッチは声明で「2022年にスリランカが返済しなければならない外債は、元金と利子を合わせて69億ドルに達し、スリランカGDPの430%に上る」と警告しました。

またIMF（国際通貨基金）によると、スリランカのGDPに対する国家債務の割合は2021年に109・2%に達したとされます。さらに対外債務の10%ほどを中国が占めるといわれています。

要するに、「スリランカは中国からお金を借りて港を作ったけど、お金が返せなくなったから港の経営権を差し出した」ということです。

# 中国のインド洋進出のカギを握るミャンマー

これまでみてきた通り、スリランカは、中国の「債務の罠」によって債務危機が深刻化して財政が悪化しています。

国債償還を控えたスリランカに対して、インド政府はおよそ570億円（5億米ドル）相当の金融支援を行いました

「敵の敵は味方」という言葉があります。中国は「一帯一路」を掲げて、巨大な経済圏を創り出そうとしていますが、インドは環インド洋経済における、工業製品の生産拠点になろうとしていることから、中国の存在は「まことにウザイ！」というわけです。インドは、環インド洋経済から中国の影響力を排除したい意向をもっています。地図帳で確認してみると分かりやすいのですが、実は中国はインド洋への進出が容易ではなく、必ずや東南アジアを通過してマラッカ海峡からインド洋へと漕ぎでなければなりません。しかし、ミャンマーが中国の影響下に入った場合、それは容易なことへと変貌を遂げます。

実際にインド洋と中国に同時に面しているのは、インドとミャンマーだけです。ミャン

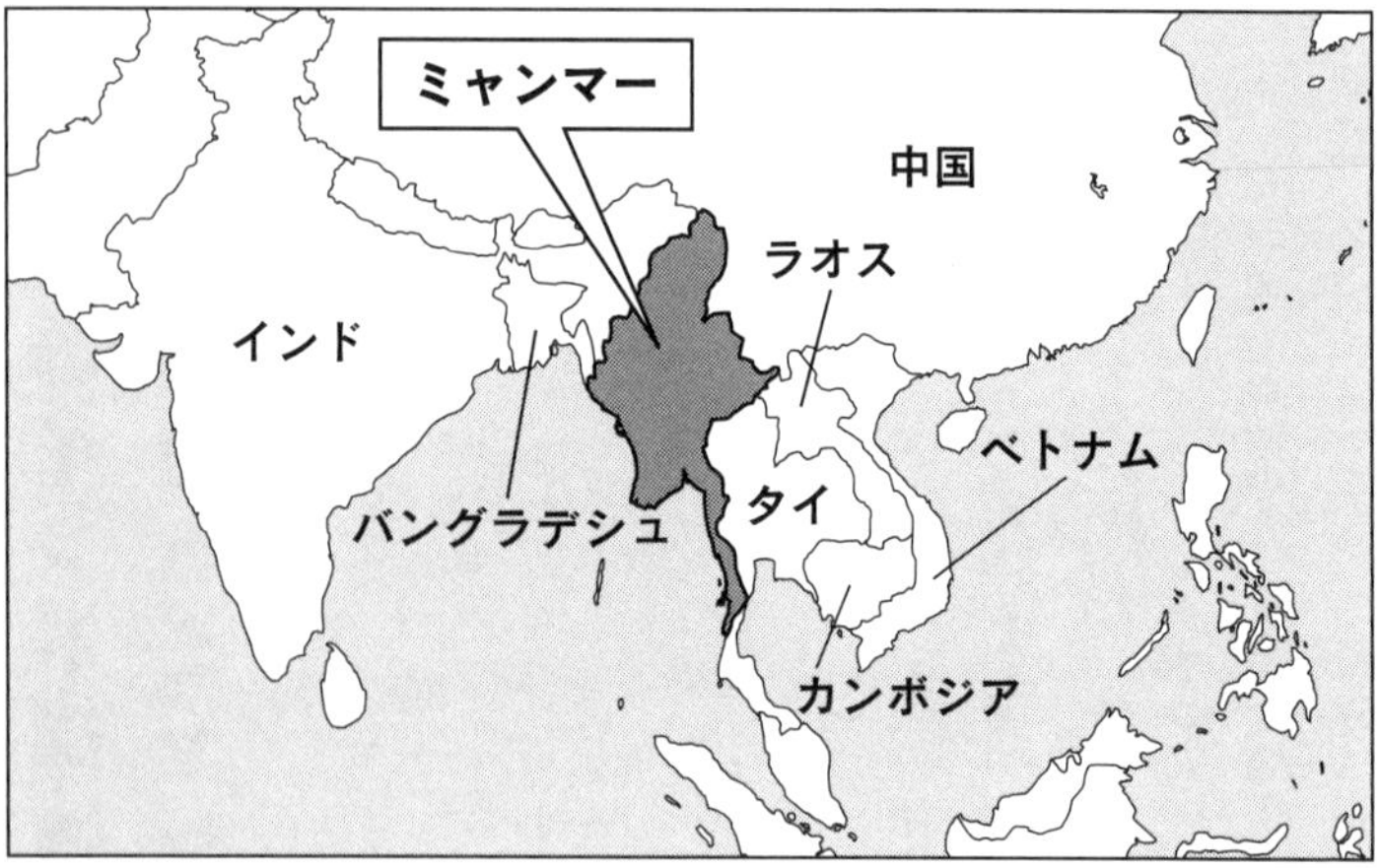


各国の位置関係

マーを影響下に収めたい中国の意向が必ずあるはずで、昨今のミャンマーでの軍事クーデターの裏に中国の存在があるのではないかというのが、私の見立てです。

「何をそんな馬鹿なことを！」と荒唐無稽に思われるかもしれませんが、**色々な可能性を探るのが国際情勢**というものですから。

インドのエネルギー企業に「インド石油天然ガス公社」があり、同企業の海外部門を担当する企業に「インド石油天然ガス公社ビデシュ（ＯＶＬ）」があります。ＯＶＬは２００２年、２００６年にミャンマー北西部ラカイン州沖合でのガス田の権益を取得し、２０１３年、２０１４年にも陸上ガス田の権益を追加で取得しています。これまでの投資額は２億米ドルにも上るとされています。

ミャンマーの天然ガス確認埋蔵量は0・43兆㎥とされていて、世界29位となっています（2020年、BP）。「確認埋蔵量」とは、現在の技術・経済性にて採掘可能なものを指します。天然ガスの輸出額をみると、ミャンマーは3151百万米ドルで世界20位（2021年、BP）にランクしていることから、積極的に天然ガスの採掘、輸出がなされていることがわかります。またミャンマーの輸出品目（2021年）をみると、最大の「衣類」に次いで多いのが「天然ガス」であり、天然ガスがミャンマー経済を支えているといえます。

インドが、こうしたミャンマーの天然ガスに深く関係性を作ってきた背景としては中国に対抗する狙いがあるのは間違いないでしょう。

## 「むき出しの導火線」となったミャンマー

しかし、ミャンマーでは軍政回帰を目指したクーデターが発生しました。民主的に選ばれた政権が軍事力をもってして転覆させられ、それに対する抗議デモを行う国民を暴力で鎮圧する異常事態となったわけです。

こうしたことを考えると、インド企業がミャンマーでの経済活動をさらに活発化させることは、ミャンマー軍に対して利益をもたらすことと同じであり、「インドは人権侵害に加担するのか⁉」との国際的批判に晒される可能性があります。

ミャンマーは民間資本の蓄積が進んでいないこともあって、ミャンマー軍と全く関係の無い企業を探すことが困難なほどです。ミャンマーに存在する多くの企業を傘下に置く、ミャンマーエコノミックコーポレーションは軍産複合企業体であり、ミャンマーエコノミックホールディングスとともに、アメリカ合衆国政府の制裁対象となっていることからも分かります。

単に、「人権侵害ばかりを行うキサマらとは、もう商売はせん！！！」と言って資本の引き上げ、つまり経済制裁を課すのは簡単ですが、ミャンマーから外国企業が撤退した途端、中国の臭い息がかかるのは火を見るより明らかです。

日本では2011年のミャンマー民政移管以降、「東南アジア最後のフロンティア」と称され、多くの企業がミャンマーへ進出しました。私の中学・高校の同級生である公認会計士もまた、ミャンマーで仕事をする一人です。現在、日本からは430社が進出しており、また日本政府はミャンマーへのODA（政府開発援助）を拡大させてきました。

新興国ではよく見られる形態ですが、現地へ進出した外国企業のほとんどは様々な規制によって地元企業との合弁会社を設立します。しかし、ミャンマーでこうした合弁会社を設立した外国企業は、国際的批判に晒されるだけでなく、「軍と結託したお前らの商品は買わねぇぞ！」といった「不買運動」に繋がりやすいため、最近では合弁解消の動きが見られるようになりました。ミャンマーエコノミックホールディングスと合弁を解消したキリンHDが好例です。

こうなってくると、国内では「打倒、軍政！」の狼煙があがるのは必然であり、軍政に対する抵抗勢力「挙国一致政府」が存在します。しかし、軍政はこれをテロ組織に指定してリーダーを指名手配、アウン・サン・スー・チーを法廷に引き出すなどしています。

これに対して挙国一致政府は、それまで存在を認めておらず、「ラカイン州のイスラーム教徒」と称していた人たちを、正式に「ロヒンギャ」と認め「打倒、軍政！」の協力を求める事態へと発展しています。

ロヒンギャ族について、なぜミャンマー国内で差別されてきたかについては、私のYouTubeチャンネル「みやじまんちゃんねる」、またYahoo！JAPANニュース個人にて詳しく解説してありますので、ご覧ください。[*1]

そして、中国が世界7位（2020年、世界銀行）の武器輸出国であることも見逃せません。ミャンマーは、中国の武器輸出額における対アジア諸国においてパキスタン、バングラデシュに続いて多くなっています。2011年のミャンマー民政移管後に世界各国からの経済制裁が緩和された途端、中国が大きく食い込んで対ミャンマー武器輸出額が増えました。

インドを挟むパキスタンとバングラデシュへ、中国からの武器輸出が盛んであることもまた、インドを意識していることが分かります。また、インドの武器輸入先はアメリカ合衆国やロシアからが多く、特にロシアにとってのインドは「お得意様」となっています。

ミャンマーへの武器輸出が進めば、内戦に発展する可能性があるわけで、そうなれば軍政の勝利、背後にいる中国はミャンマーを経由してインド洋（正確にはベンガル湾）への進出が容易となります。**ミャンマーは「むき出しの導火線」状態となっているわけで、実は火を付けようとしているのが中国ではないか**ということです。

きっと、それに最も敏感なのがインドなのでしょう。インドにとって「一帯一路」はどうしても容認できないだけでなく、ミャンマーの存在は頭を悩ませる一つとなっているのかもしれません。

## スリランカの主張

スリランカが中国の「債務の罠」に陥り債務危機が深刻化したため、インドがスリランカに金融支援をしたことが、環インド洋経済から中国の影響力を排除したい意向を持ってのことであると理解できます。

スリランカのラージャパクサ大統領（当時）は、スリランカを訪れた中国外相に対し、「債務再編や交易条件の緩和」「コロナ禍での中国人観光客のスリランカ訪問制限の解除」を求めました。

つまり「返済をもっと楽にさせてくれー、貿易に関する障壁を下げてくれー、中国から観光客をもっと寄越してくれー」ということです。観光業が主産業となっている国において、特定の国の観光客に依存するビジネスモデルが如何に危険かということがわかります。

太平洋に浮かぶ島国、パラオ共和国は一時期増加した中国人観光客に対して、「特定国の

＊1 【5分くらいでわかる地理】ミャンマー「ロヒンギャ族は、なぜミャンマーで弾圧を受けるのか!?【東南アジア】
https://youtu.be/ke25obAFGmo
ロヒンギャ難民問題 ～なぜロヒンギャはミャンマー国内で差別されるのか!?～
https://news.yahoo.co.jp/byline/miyajisyusaku/20200126-00160426

観光客に依存するのは良くない！」と表明し、それに対する中国の「中国人観光客をパラオに行かせない」という報復措置を執られてもなお、「『中国』とは台湾のことだ！」という姿勢を崩していません。まさに「漢（おとこ）」です。

またスリランカの与党議員の一人は、習近平・中国国家主席に対して、「スリランカに対する中国の友情は本物だと思うが、誠意のかけらもない！　自らが世界の覇権を担おうとする野心のために、罪のないスリランカ人を利用しただろ！」との書簡を送ったほどです。

まさしく、「騙す方が悪いのか、騙される方が悪いのか」といった具合です。

これに対してインドは、「どんな手段を使ってでもスリランカを応援すっぞ！」と表明しました。

もはや、中国の「債務の罠」は、罠に陥った国と中国との二国間問題ではなくなりつつあります。地域の政情が色濃く反映されるようになっており、『ゴルゴ13』でも描かれないような複雑な展開がいたるところで起きています。

次からは、アフリカにおける「債務の罠」について解説します。

## 「21世紀型植民地」アフリカ

2011年に埼玉県鳩ヶ谷市が隣の川口市に編入合併されたとき、「さながら植民地支配の完成」と冗談めかして言った人がいました。

それもそのはずで、当時の鳩ヶ谷市は南側が東京都足立区に面しており、それ以外は、ぐるっと川口に囲まれていました。元々は1940年に当時の北足立郡鳩ヶ谷町が川口市に編入された歴史がありますので、再び川口市の一部になったというのが正しいでしょう。1950年に川口市より分離、1967年に市制施行で鳩ヶ谷市となり、2011年に再び川口市の植民地となりました（ごめんなさい）。

そんな冗談みたいな話ではなく、もはや植民地としかいえないような状況にあるのが、現在のアフリカです。そもそもアフリカはイギリスやフランス、ポルトガル、イタリア、ベルギーなどの植民地支配を経験しています。当時の植民地といえば、宗主国で作られた製品を売る市場であり、その製品の原材料となる鉱産資源の収奪、プランテーション農業による農作物の栽培地としてのみ機能しており、そこには「暴力」によって従わせるという構図が成り立っていました。

しかし、「暴力」をともなうのが植民地支配の定義であるとするならば、21世紀型は「暴力」はともなわなくとも、有無を言わさず従わせるという意味では同じです。今風にいえば「シン・植民地」とでも表記しましょうか。いや、今流行の「シン○○」という表記は、心底ダサいと思うので、やっぱり **「21世紀型植民地支配」** としましょう。

さて、「21世紀型植民地支配をされているのはどこなのか？」と言われれば、それは迷わずアフリカ諸国といえるでしょう。

## 「21世紀型植民地支配」とは何か？

中国が掲げている「一帯一路」構想については、「一帯（シルクロード経済ベルト）」が陸路、「一路（21世紀海上シルクロード）」が海路を表していて、中国から東南アジアを経て南アジアからアフリカ大陸東部にいたる範囲を「一路」と定義しています。「周辺諸国の経済水準を引き上げ、巨大な経済圏を作らんとす！」とばかりに、中国・人民元を基軸通貨とする、中国を中心とした巨大な経済圏の確立を目指しているわけです。

もちろん「一路」の経済圏を創り出していくには、インドは邪魔な存在です。一方のインドとしては環インド洋経済圏を構築するためには、中国は邪魔な存在というわけです。

「債務の罠」に陥ったスリランカをインドが「手助け」したのも、「敵の敵は味方」というわけです。実際に2018年6月の上海協力機構の首脳会議において、インドは「一帯一路は支持しない！」との声明を出しています。

中国は、早い段階からアフリカ大陸への投資を進めていました。もちろんこれは「中国＝中華人民共和国」であることを表明させるための政治的な意図があったことは間違いありません。実際に、アフリカ大陸54か国のうち、「中国＝中華民国（台湾）」と表明しているのはエスワティニだけとなってしまいました。他にはパラオなどが知られています。アフリカ諸国のほとんどが発展途上国といって差し支えない経済レベルの国ばかりですから、中国の協力を仰ぐことで自国の経済発展に繋がるだろうという期待があるわけです。

現在、アフリカ54か国のうち、中国の「一帯一路」の協力文書に署名した国は52か国あり、その45番目の国はコンゴ民主共和国でした。

## コンゴ民主共和国の地理・経済状況

コンゴ民主共和国は、アフリカ大陸のど真ん中、赤道直下に位置する国です。首都のキンシャサは1月の平均気温が26・1℃、7月の平均気温が22・8℃ですから、気温の年較差は3・3℃しかなく、年降水量1125㎜から、高温多雨の自然環境を有していることがわかります。

隣国のルワンダ、ブルンジ同様に、かつてベルギーの植民地でした。ベルギーは北部のオランダ語、南部のフランス語、東部のドイツ語のすべてが公用語となっており、多言語国家です。植民地時代は特に支配層がフランス語話者だったこともあり、現在のコンゴ民主共和国の公用語はフランス語となっています。

国土面積は234・5万㎢、人口は9589万人、合計特殊出生率は6・16ですので、近年の人口増加が著しい国として認識されています。ただ乳児死亡率（1歳未満死亡率）が79‰（パーミル）で非常に高いことを考えると（日本は2・3‰）、まだまだ医療技術の発展や医薬品の普及が遅れていることは否めません。その証拠に、国民の平均寿命は59・19歳と低水準です（すべて2021年、世界銀行）。

コンゴ民主共和国の経済は、国内に豊富に埋蔵する鉱産資源の輸出によってまかなわれています。最大の輸出品目は、（精錬された）銅であり、割合は65・0％を占めています。以下、化学薬品22・3％、銅鉱5・9％、卑金属鉱1・7％と続きます（2020年）。主要輸出品目となっていないだけで、石炭や原油、天然ガスのエネルギー資源、すず鉱、タングステン、ニオブ、タンタル、金鉱、銀鉱、ダイヤモンド鉱などの産出量は世界有数です。つまり資源大国といえます。

輸出相手国を見ると、最大は中国41・0%、以下、タンザニア11・8%、ザンビア8・8%、南アフリカ共和国7・7%、シンガポール7・2%と続きます。そして、輸入相手国は中国、アメリカ合衆国、南アフリカ共和国、ザンビアが上位を占めており、中国との貿易は、「鉱産資源を輸出して、工業製品を輸入する」垂直貿易となっています。

そんなコンゴ民主共和国は、一帯一路の協力文書に署名後、中国と採掘協定を結びました。中国はコンゴ民主共和国に眠る、豊富な鉱産資源に目をつけているといっても過言ではない状態です。

## 暴力を伴わない「支配」のありかた

中国は世界中の様々な国に「援助」ではなく、「融資」という形で借金を抱えさせ、インフラ事業を進めてきました。しかし、コロナ禍以降、経済が停滞する中債務の返済が困難になりつつあります。これはもはや「むき出しの導火線」状態へと近づいており、世界経済に大きな影響を与える可能性を秘めているといえます。

アメリカ合衆国バージニア州にある公立大学、ウィリアムアンドメアリー大学（The

College of William & Mary）に所属する国際開発研究チーム「エイドデータ」が発表した報告書によると、中国は過去18年間に中国が世界165か国で推進した事業が8460億ドル規模に達しており、これまで明らかになっていなかった「政府債務」3850億ドルが確認されたと発表しました。つまり、中国から借金した国のほとんどが公式統計として記録されていないにもかかわらず、明らかになった返済義務が生じているお金が莫大だったということです。上記のコンゴ民主共和国は、GDPに対して11％もの隠れ債務があったことが明らかになっています。

中国が2000年以降に提供してきた資金は年平均850億ドルであり、この額はアメリカ合衆国の年平均370億ドルの2・3倍です。しかし、中国の場合は政府の支援金は3％ほどの割合しかなく、残りは中国の金融機関による融資金であり、これでは「発展途上国への援助」というよりは商業融資という性格が強いと言わざるを得ません。

返済能力のない、通常の住宅ローン審査にはおよそ通らない人たちに貸し付け、回収不可能となってとんでもない不況を招いたサブプライムローン問題に似ています。2006年にアメリカ合衆国の住宅価格が伸び悩み、ローン債務者が家屋を担保にして借り換えができなくなったため、返済不能者が顕在化しました。これによって米国株が大暴落を引き起こし、世界同時株安へと繋がっていきました。この場合、返済不可能となった場合は、自己破産することができますし、実際に当時のブッシュ大統領が救済措置を講じています。

しかし、国と国の問題となると、そうはいかず、貸し付けた未回収リスクを減らすために、発展途上国の様々な権益と代替していきます。その一つが、コンゴ民主共和国の資源の採掘権であり、スリランカのハンバントタ港の経営権というわけです。

結局、これは買い付けた国での分断を引き起こします。暴利をむさぼる中国の融資が主因であるにもかかわらず、「環境破壊だー！」「政治腐敗だー！」などの抗議デモが続出するわけです。中国との取引は「悪魔の取引」と、真剣に考えるべきときが来たわけです。

中国のアフリカ経済を支配しようとする意図が丸見えです。2021年には、HUAWEIがデジタル人民元ウォレットをプリインストールしたスマートフォンを発売し、アフリカでも発売を開始しました。経済だけでなく、金融システムの支配も狙っていると考えられます。

中国が略奪を目的とした融資を行ってきたように見えるわけであり、貸し倒れとなれば、接収するのは当然「入口」です。海港であり、空港がそれに当たります。これによって物流を支配し、そして経済を支配しようとしているわけですね。

そこには暴力はともないませんが、ジワリジワリと中国の「臭い息」がかかっていくわけです。まさしく21世紀型植民地支配といえます。

## 支援という名の融資
## ——山岳国家タジキスタン

2022年、中国で北京冬季オリンピックが開催され、熱戦が繰り広げられました。私も開会式の様子をテレビで観ました。「台湾はなんて呼ばれるかな？」「最終聖火ランナーは誰かな？」といったことに注目していました。

「台湾」は「Chinese Taipei」の表記となっており、漢字では「中華台北」でした。しかし会場では「中国台北」とアナウンスされたそうで、中国のイデオロギーが要所要所にすり込まれていたりします。

また最終聖火ランナーは、クロスカントリーの女子選手、ディニグール・イラムジャン選手でした。彼女は新疆ウイグル自治区のアルタイ出身で、出自はウイグル族です。今回の北京オリンピックは、アメリカ合衆国が外交的ボイコットをするなど、長い間、ウイグル族に対する人権侵害が問題視されていることもあり、そういった批判をかわす狙いからウイグル族に出自をもつ選手を起用したとも考えられます。

現在の中国は、92％の漢民族と8％の少数民族からなる多民族国家です。しかし、この8％の中には55の民族に分かれています。ちなみに少数民族で最も多いのはチョワン族です。中国では民族識別工作といって、中国国民が法的にどの民族に帰属するかを決める行政手続きが存在します。

また中国には自治区と呼ばれる、省とは別の概念の自治体が存在します。内モンゴル自治区、ニンシャホイ族自治区、コワンシーチョワン族自治区、チベット自治区、新疆ウイグル自治区の5つです。このうち前者3つは、自治区内の最大民族が漢民族ですが、後者2つは自治区内の最大民族がそれぞれチベット族（チベット仏教を信仰）とウイグル族（イスラームを信仰）となっています。そのため、絶えず独立運動が取り沙汰され、中国北京政府としてみれば「同化政策」によって漢民族を最大民族にしようという意向が見え隠れしています。新疆ウイグル自治区でのウイグル族の弾圧については、清水ともみさんがお書きになった絵本『私の身に起きたこと』（季節社）に詳しいです。

## 「内陸国」の事情

その新疆ウイグル自治区の西隣にはタジキスタンがあります。中央アジア5カ国、カザフスタン、ウズベキスタン、トルクメニスタン、キルギス、タジキスタンのうち、唯一、ペルシア系住民が多数を占める国（他4カ国はトルコ系）です。

実は、タジキスタンも中国の債務の罠にかかってしまった国の一つです。

タジキスタンは国土のほとんどが山岳地帯であり、国土のほとんどが標高3000mを超える高標高地域です。世界最大の大陸はユーラシア大陸であり、広大である分、海洋から最も離れた「到達不能極」と呼ばれる場所は、新疆ウイグル自治区にあります。その西隣がタジキスタンであることからも分かるように、海洋からの湿った空気が届かず、非常に乾燥した気候を有しています。

これだけの内陸国ですから、先進国からの投資がなかなか増えません。自国の輸出不振と進出先の低賃金労働力の確保、これによる企業の輸出促進を目指すのが輸出指向型工業化ですが、内陸国がゆえに輸出がなかなか上手くできないのです。

そんなタジキスタンは中国から借金をしました。先進国の支援が進まない現状を考えれば、タジキスタンにとっての中国は「ヒーロー」のように見えたかもしれません。さらには1992～1997年にかけて内戦が発生した国であり国内経済は疲弊していました。またなかなか政情が安定しない、南隣のアフガニスタンから麻薬、武器などが流れてくるため、一向に治安が良くならないなどの背景もありました。

　これだけ貧しい国であるため、ロシアへの季節労働者が多く、彼らの本国への送金がGDPのおよそ10％を占めています。しかし、そのロシア経済も決して順調とはいえない状況です。そもそもロシアは原油や天然ガス、小麦などの一次産品しか売るものがありません。だからこそ、以前からウクライナ侵攻をちらつかせながら、ヨーロッパ諸国へエネルギー外交を仕掛けていたのです。

　２００６年はほぼゼロだった中国からの借金は、２０１６年には11・61億ドルに達し、タジキスタンが結んでいる二国間債務のおよそ90％を中国で占めるほどになりました。また２００７～２０１６年の対外債務増加の80％を中国からの融資で占めたそうです。

　山岳国家であるため、道路やトンネルといったインフラ整備が急務であり、また鉱山開発も盛んに行われるようになりました。当時はタジキスタンの多くの国民が、中国からの「支援という名の融資」を歓迎しました。また政府は、国民に情報が流れないように野党やメディアなどの締め付けを強化しました。

　しかし、アメリカ合衆国のシンクタンク「世界開発センター」が「債務の罠」に陥った国としてあげた8か国にタジキスタンが入っています。他の7か国はジブチ、キルギス、ラオス、モルディブ、モンゴル、モンテネグロ、パキスタンです。

## 資源輸出で「債務の罠」に抗う ――トルクメニスタン

中央アジア5か国の一つにトルクメニスタンがあります。

前述したように中央アジアといえば、カザフスタン、ウズベキスタン、タジキスタン、キルギス、トルクメニスタンの5か国です。国名の後ろに付けられる地名接尾辞の「スタン」は「〇〇人の土地」を意味するペルシア語です。5か国の中でペルシア系民族が多数を占めるのはタジキスタンだけであり、他の4か国はトルコ系民族が多いにもかかわらず、「ペルシア語」の地名接尾辞が付けられているのが面白いです。

さて、トルクメニスタンといえば、かつてはソビエト連邦を構成する国でした。1991年12月のソ連崩壊直前の10月に独立、そして1995年には永世中立国となりました。この時、国連総会にて185か国から承認されて永世中立国となったこともあり、スイスやオーストリアの永世中立国とは少し性格が異なります。

トルクメニスタンの独立後のあゆみと経済については、YouTube「みやじまんちゃんねる」にまとめてありますので、お時間あるときにでもご覧ください。*2

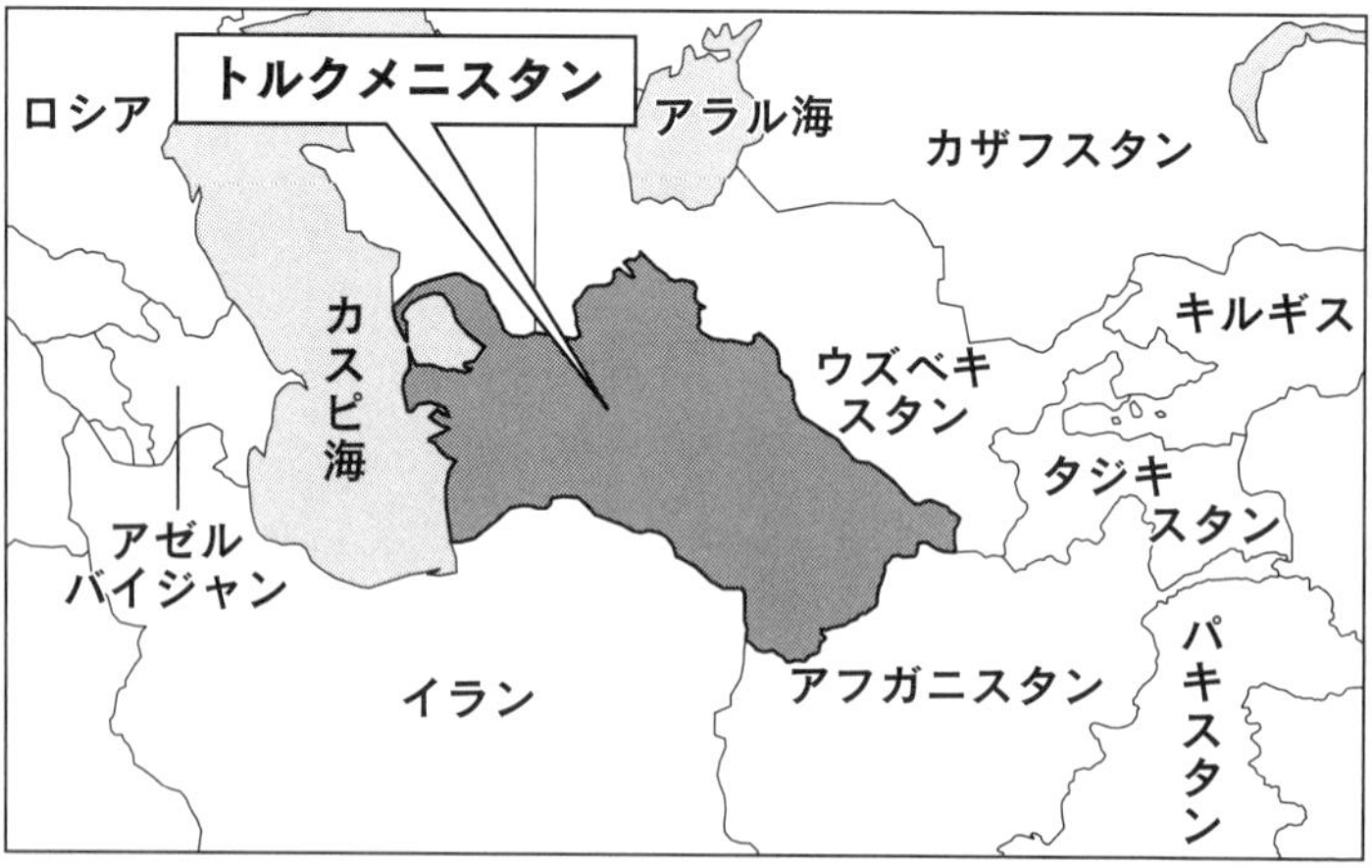


トルクメニスタンの地理的位置

## トルクメニスタンの経済

トルクメニスタンの国土面積は48・8万㎢と、日本よりも大きい国土を有していますが、人口は634・2万人（2021年、世界銀行）と少なく、国内市場が小さい国です。主産業は農業と鉱業で、灌漑による綿花栽培が有名です。トルクメニスタンは北隣のウズベキスタン同様、アムダリア川の河川水を利用した灌漑農業を行っています。

アムダリア川はアラル海へ流れ込む河川であるため、過度な灌漑農業がアラル海の急激な縮小を招きました。

他には、原油や天然ガスの埋蔵量が多い国であり、特に天然ガスの埋蔵量は世界4位となっています。トルクメニスタン経済はこうした綿花やエネルギー輸出で成り立っていて、輸出品目をみると、「原材料と燃料」が91・3%を占めています。内訳としては天然ガス（49・7%）、石油製品（20・5%）、原油（9・7%）、綿花（9・3%）、繊維と織物（4・1%）ですが統計が2020年と古いです。

最大輸出国は中国で、全輸出額に占める対中輸出額の割合は69・1%、以下、アフガニスタン6・6%、ウズベキスタン5・8%、ロシア4・7%、トルコ4・7%となっています（2019年）。

つまり、**今や「世界の工場」となった中国に対し、その原燃料である原油や天然ガス、そして綿花の輸出を進めている**のかもしれません。

## エネルギー輸出外交

トルクメニスタンから中国へのエネルギー輸出は、パイプラインを利用して行われてい

＊2　【5分くらいでわかる地理】トルクメニスタン「独裁国家からの脱却！　トルクメニスタン独立後のあゆみと経済を解説！」【中央アジア】＃046
https://youtu.be/WdVEBO9V8bg

ます。このパイプラインは北隣のウズベキスタン、さらに北に位置するカザフスタンを経由して中国へと結ばれます。

トルクメニスタン同様に、ウズベキスタン、カザフスタンもエネルギー輸出が盛んな国であり、効率良く3か国のエネルギーを中国へ輸出していると考えれば分かりやすいです。

これらの国に眠るエネルギー資源は、ソビエト連邦時代には、ソビエト連邦で最も影響力を有していたロシアの管理下にあったわけで、ソビエト連邦崩壊後に3か国は独自のエネルギー外交による経済成長を目指してきたと考えられます。トルクメニスタンは、こうしたロシアからの影響力を排除する目的もあって、永世中立国を目指したといわれています。

さて、このパイプラインは中国のどこに接続されるでしょうか？

頭の中に世界地図が描ける人は、こういうときにすぐ「あっ⁉」と理解できるわけです。描けなくても、すぐに地図上で確認するといった姿勢が大事です！

もうおわかりと思いますが、中国での接続先は、新疆ウイグル自治区です。

2007年にパイプラインの建設計画が合意され、2009年12月にパイプラインの全線が開通しました。この時の建設費用やガス田の開発などに必要な費用は、中国からおよそ80億ドルで「融資」されたと報道されました。

トルクメニスタン南東部にある、ガルキニシュガス田は世界第2位の埋蔵量を誇り、2006年に発見された比較的新しいガス田です。年間でおよそ400億㎥の天然ガスが中国へと輸出されています。

時を同じくして、2006年12月にはトルクメニスタン初代大統領・サパルムラト・ニヤゾフが急逝します。1991年の独立から15年もの長きにわたって大統領の座にいた人物です。ニヤゾフは個人崇拝の徹底を促し、「我こそは、トルクメン人の長である！」と自称するほどの人物でした。ニヤゾフの急逝後、国家体制の変化が「機を見るに敏」であるとばかりに、中国がトルクメニスタンとの天然ガス売買の契約を取り付けます。2007年7月のことでした。期間35年間の輸出契約を結びました。

これに焦ったのがロシアでした。それまでのトルクメニスタンはロシアへの天然ガス輸出を進めていましたが、ガラリ一変、対中輸出を進めることとなったわけです。そして偶然にも（?）、トルクメニスタンからロシア向けにのびるパイプラインが突如大爆発を起こしました。2008年から2009年にかけて、名目GDPが一時的に減少しました。

繰り返しになりますが、中国が掲げている「一帯一路」構想の一帯とは、中国西部から中央アジアを経由してヨーロッパへと続く「シルクロード経済ベルト」を指しています。中国国家主席・習近平が「一帯一路」構想を公の場で提唱したのは2013年のことです。にもかかわらず中国は、トルクメニスタンと中国を結ぶガスパイプラインの建設を「一帯一路構想の成果である！」と嘯いています。時系列がおかしいですね……。

しかし、このパイプラインの建設、そして天然ガスの輸出が拡大したことによって、トルクメニスタン経済が上向いたことは間違いありません。

トルクメニスタンの名目GDPをみると、21世紀に入ってから順調に経済成長をしていましたが、2009年からさらに経済成長に拍車がかかったことが見てとれます。

次の図は、パイプラインが稼働する前後の、トルクメニスタンの天然ガス輸出量を対ロシアと対中国でまとめたものです。

## 永世中立を目指し、賢く動く国

トルクメニスタンは、確かに中国依存を高めてきたのですが、「もうこれで安泰じゃ」とはなっていないようです。というのも、豊富なエネルギー資源を多方面へと輸出しようとしています。

そもそもトルクメニスタンの南側にはアルプス＝ヒマラヤ造山帯が横断しており、褶曲《しゅうきょく》

| | 2008年 | 2012年 |
|---|---|---|
| 対ロシア輸出 | 423億㎥ | 99億㎥ |
| 対中国輸出 | — | 213億㎥ |

**2008年と2012年のトルクメニスタンの天然ガス輸出量**

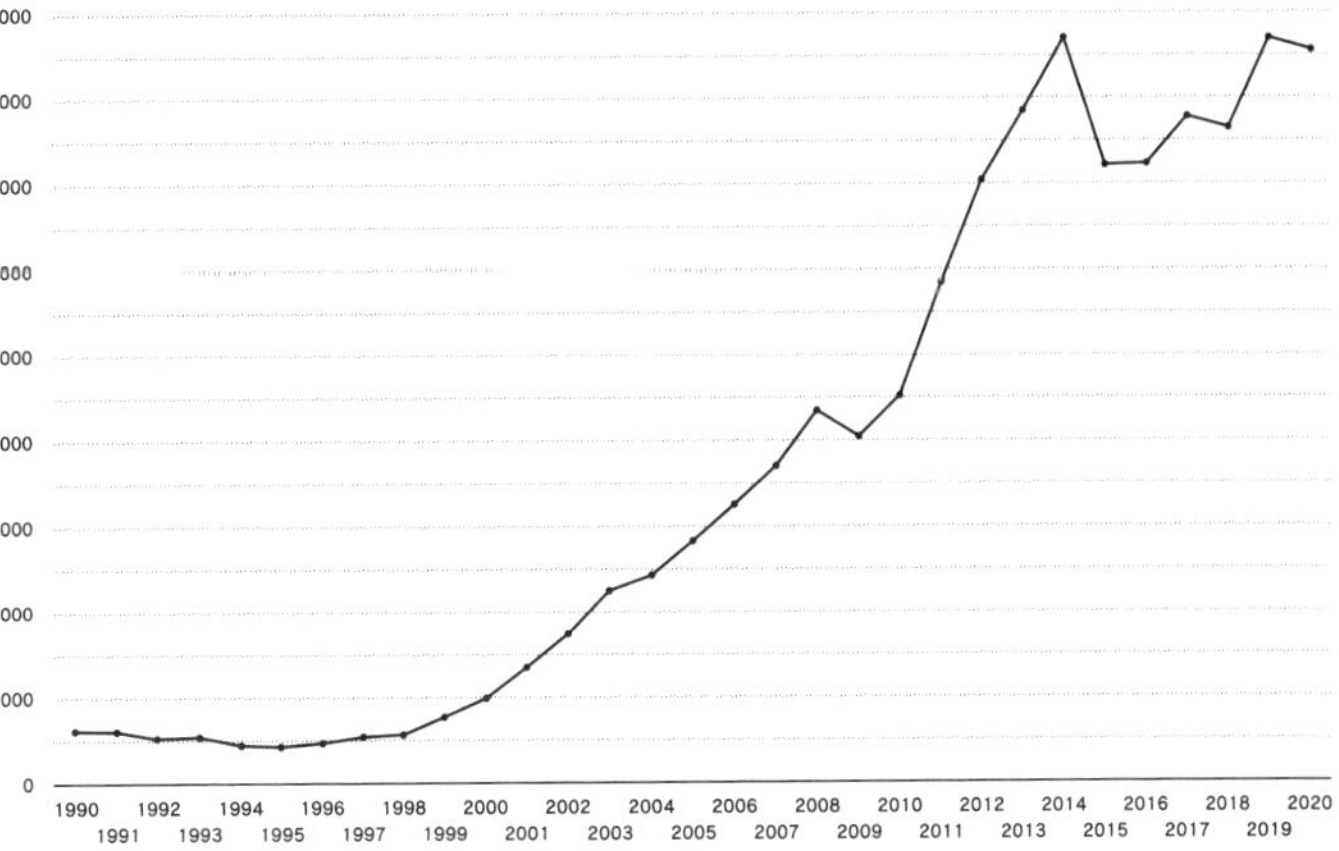


**トルクメニスタンの名目GDP**（出典：国際連合）［単位：百万US$］

構造をもつ地層が広がるため、原油や天然ガスの埋蔵量が多いわけです。となれば、周辺諸国も同様であり、カスピ海の対岸にはアゼルバイジャンが位置し、付近にはカフカス山脈が存在します。

カフカス山脈の北側に位置するロシア領チェチェン共和国は、豊富な原油を背景に経済的な自立を目指しています。もちろん、チェチェン人はイスラームを信仰する人たちであることもあり、ロシア人との民族の違いを意識する、「生理的な独立志向」があることは言うまでもありません。しかし、現チェチェン共和国首長のラムザン・カディロフは、親ロシアの方針を採っています。

話はさておき、トルクメニスタンはアゼルバイジャンとの間で、カスピ海の海底油田・ガス田の共同開発を進めることで合意しています。２０２１年1月のことです[*3]。

またアフガニスタンを経由してインドやパキスタンへ天然ガスを供給するパイプラインの建設計画もあるようです。つまり、「中国に両足を乗せる経済状態」は中国に足下を見られる危険性が非常に高く、それがいかに国家にとって不利益となるかを考えて、輸出先の分散化を図っていると考えられます。実に賢いやり方です。

さすが永世中立国を目指しただけのことはあります。

中国からしてみれば、

・広大な国土の割には人口が少なく国内需要が小さいから、輸出余力がある中央アジアからの天然ガスの供給で、我々の需要を賄おう！
・そのために投資という名の融資をしよう
・新疆ウイグル自治区は中国共産党の厳重な管理下に置いておく必要がある

ということなのでしょう。

トルクメニスタンは順調に経済成長を遂げていることもあり、今のところ「債務の罠」に陥った形跡はみられません。**いつの時代も土地と資源を有する国は強いです。**

なぜならば、経済とは「土地と資源の奪い合いで描かれる」ものですから。

＊3　天然ガスを売りたい国（2021年2月17日付け東京新聞より）
https://www.tokyo-np.co.jp/article/86443

Column

# 世界情勢を読むには「要衝」を見極めよ

かつて、イギリスは大英帝国と称されたことがありました。特に、植民地拡大を図った帝国主義時代からのイギリスを指していいます。

下図の着色で示された国々は、アフリカ大陸における旧イギリス植民地を表したものです。エジプト、南アフリカ共和国の2カ国は、第二次世界大戦以前に独立を果たしています。アフリカにおいて、第二次世界大戦以前からの独立国は、上記の二カ国以外にはエチオピアとリベリアしか存在しません。いかにアフリカ大陸がヨーロッパ

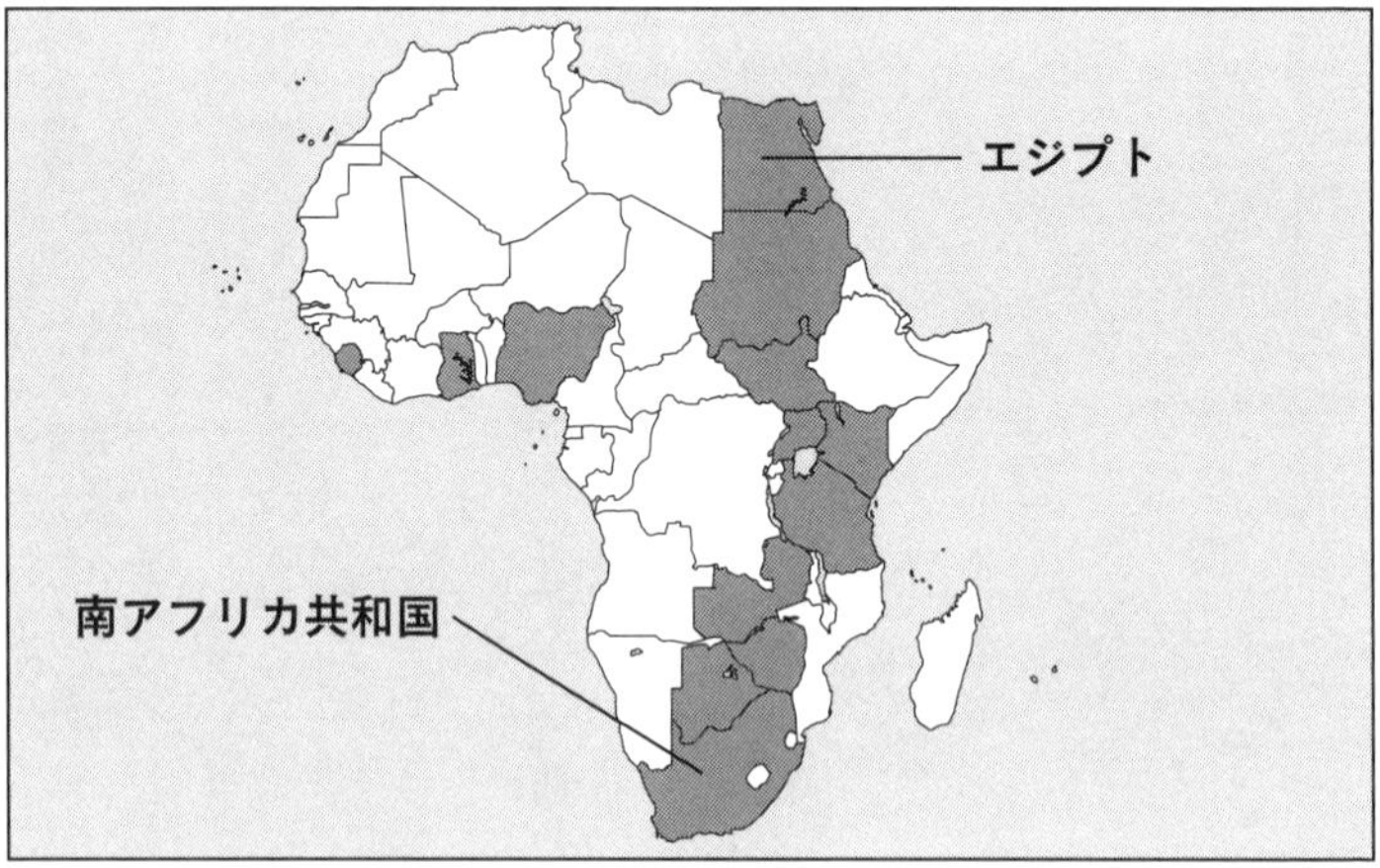


アフリカ大陸における旧イギリス植民地

諸国に蹂躙されたかが分かります。

ギニア湾岸では、ガーナやナイジェリア、シエラレオネの3カ国、アフリカ東部ではケニアとタンザニアの2カ国をそれぞれ植民地としていました。またエジプトから現在の南アフリカ共和国に至るまで、縦断政策と称してアフリカ東部の国々を植民地下に置きました。

スエズ運河の開通は1869年でした。現在の南アジアにおいて、1796年のイギリスのスリランカ併合を皮切りに、大英帝国の版図が拡大していきました。そして1858年にインド帝国が成立します。スエズ運河が開通するまでの長きにわたって、アフリカ大陸を南側からぐるっと廻るインド航路が利用されていました。

先にアフリカ南部を支配していたのはオランダ系白人でしたので、イギリスとの争いに発展するのは必至でした。最終的には二度の南アフリカ戦争へと発展します。

右ページの図を見ていただくと理解できるのですが、旧イギリス植民地は交通の要衝に位置していることが分かります。図には記されていませんが、1713年よりイギリスはイベリア半島南東端のジブラルタルを領有しています。ここは地中海の出入り口となり、つまり「要衝」となります。軍事的にも、海上交通的にも重要視されていて、現在はイギリス軍が駐留しています。

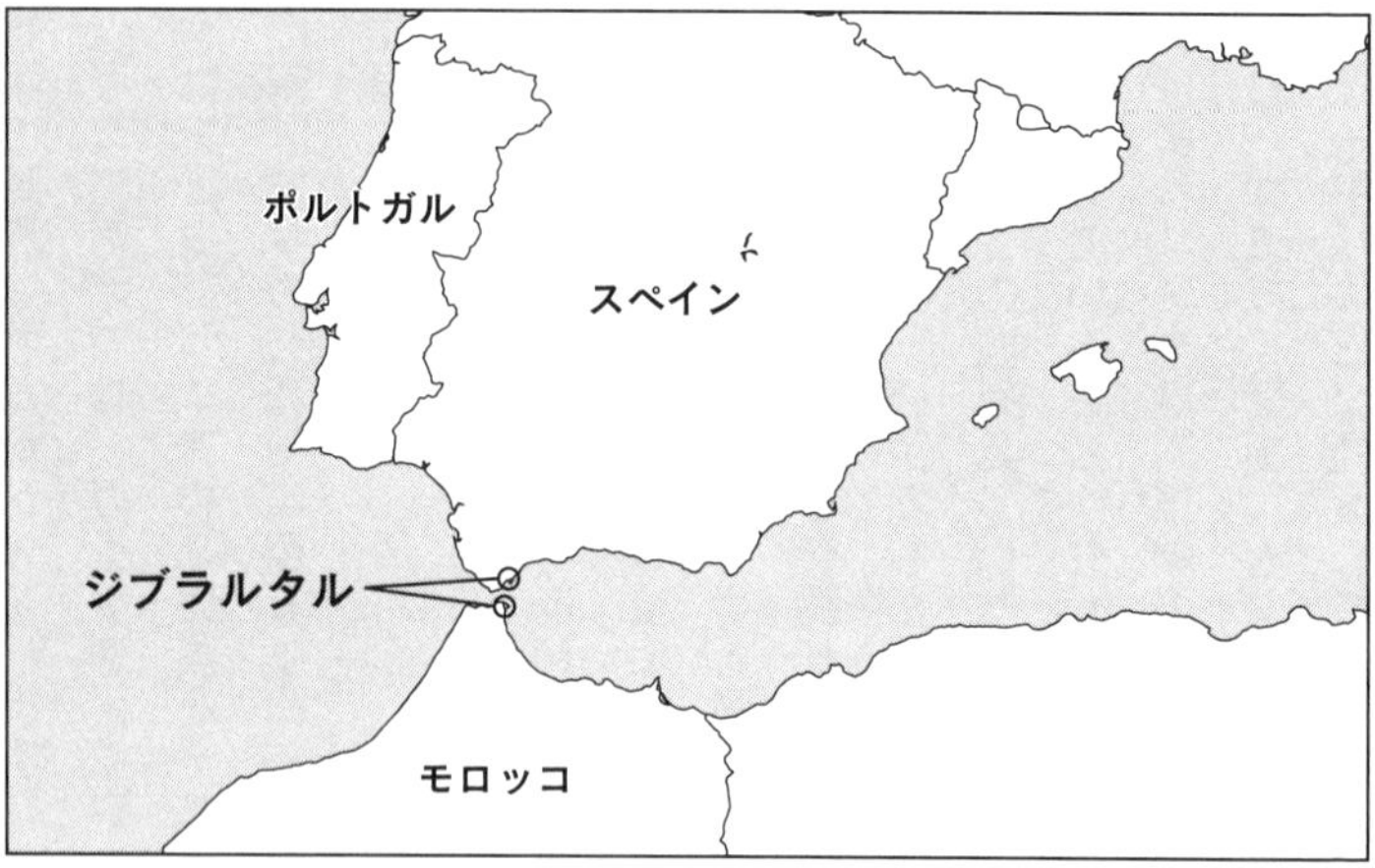


ジブラルタルの地理的位置

19世紀の初頭には、すでにスエズ運河の建設に興味を持つ者がいました。1830年には、イギリスの王立歩兵連隊中隊長フランシス・ロードン・チェスニー（のちに陸軍大将）は紅海と地中海の海面差がほとんど無いことを理由に、スエズ運河建設の可能性についての報告書をイギリス政府に提出しています。イギリスがすぐさま行動に移すことはありませんでしたが、戦いの最前線に身を置く者だからこそ思いつく発想だったように思います。

地図上で情報を語る。すごく重要な視点なのですが、日本人の多くが年表上で情報を語ることを優先させ、近年、その重要性に気づき初めているとはいえ「地政学的」という言葉に落として込んで誤魔化しているのが実に残念です。

1856年になると、フランスの外交官フェルディナン・ド・レセップスがエジプト総督（当時のエジプトはオスマン帝国の支配下）サイード・パシャからスエズ運河の建設に関する会社の設立の許可をもらい、開通から99年の経営権を獲得します。こうしたこともあり、スエズ運河の建設に反対の立場を採ったのがイギリスでした。イギリスは労働者の反乱を煽り、労働者を奴隷扱いしていると非難します。「お前のどの口がそれを言う?」というのは、イギリスのよくありがちな話です。

そして1869年11月17日にスエズ運河は開通します。この同じ年にすでに開通していたアメリカ横断鉄道（オマハからサクラメント間、2826㎞）と合わせて、それぞれの地域が結びつけられ、移動にかかる時間が短縮しました。やはりというべきなのか、開通したスエズ運河の利用は、およそ8割がイギリス船籍だったといいます。グレートブリテン島からジブラルタル海峡を通って地中海に入り、スエズ運河を通過して紅海からアラビア海、そしてインドへ続くルートは実に実用的だったといえます。

イギリスは1875年にはスエズ運河会社の筆頭株主となり、さらには1882年にはイギリス管理下の中立地帯として位置づけ、イギリス軍が駐留することとなりました。それから70年ほど経った1956年にはエジプトのナセル大統領（当時）がスエズ運河の国有化宣言を行い、これに対抗したイギリス・フランス・イスラエルとの間で第二次中東戦争が始まりました。

現在のスエズ運河は、それまでの運河近くに新しい運河（新スエズ運河）を建設し、2015年7月に完成しました。

普通の地図では、なかなか想像が及ばないことも、ベースマップが一つ変わるだけで色々なことが見えてくるものです。

要衝が持つ意味とは何か？　それはどこなのか？

そのような視点で世界情勢を読むことが、今の日本に足りないものの一つのように思えます。

# 第3章

# 複雑化する世界と「独立」の問題

# なぜスコットランドは独立を目指すのか

外務省のウェブサイトをみると、**「グレートブリテン及び北アイルランド連合王国」**と銘記された国があります。もちろん、我々が普段から「イギリス」と呼んでいる国です。法律などでは「グレートブリテン及び北部アイルランド連合王国」と表記することもあるようです。

江戸時代、日本が鎖国を敷いていた時、江戸幕府と正式に国交があった国は通信国と呼ばれ、李氏朝鮮（1392〜1897年）と琉球王国（1429〜1879年）の2か国が該当します。また国交がなく通商関係だけが築かれていた国は通商国と呼ばれ、清（1616〜1912年）とオランダの2か国が該当します。

イギリスという言葉はポルトガル語でイングランドを表す「イングレス」という言葉が転じて生まれたとされています。また、日本がオランダと通商をしていた時代に、「English」を意味するオランダ語の「Engelsch（エングルス）」がなまった「エゲレス」という呼び名も使われていました。

1990年の大河ドラマ「翔ぶが如く」では、加山雄三演じる島津斉彬が、作中でイギリスのことを「エゲレス」と呼んでいたのが思い出されます（私だけ？）。

しかし、実際に「イギリス」とは言いつつも、正式名称は上記の通りであり連合王国です。この王国を構成しているのはイングランド、スコットランド、ウェールズ、北アイルランドの4つです。

そんなイギリスを構成する4つのうち、2022年の6月にスコットランドが独立の是非を問う住民投票を2023年10月19日に実施すると表明していました。[*1]

当時、スコットランド自治政府第一首相であったニコラ・スタージョンは、2022年の6月28日にその意向を示し、ジョンソン英国首相（当時）に対して投票実施の正式な承認を求めました。そして、「政府の承認が得られなくても」投票計画を進めていくと述べていました。

しかし、実際に「政府の承認が得られなくても」住民投票を実施できるかどうかは、イギリス最高裁判所の判断に委ねられることとなっていましたが、これに対してイギリス政

＊1　スコットランド独立の住民投票、来秋に再実施の意向　自治政府が表明
https://www.bbc.com/japanese/61976476

府は、「今、このタイミングでやるの!?」とばかりに、イギリス政府の同意を得ずに独立の是非を問う住民投票は実施できないとの判断を下しました。*2

実はこの住民投票は、実施されたとすれば「2度目」であり、2014年9月18日に、「1度目」の住民投票が行われています。この時の独立反対は55・3%、一方の独立賛成が44・7%だったこともあり、引き続きイギリスに留まることとなりました。

さて、スコットランドは何故にこうまでしてイギリスからの独立を目指していたのでしょうか?

## イギリスの「カントリー」とイングランドの王朝

スコットランドは、イギリスを構成する4地域の一つであり、**「イギリスのカントリー(Countries of the United Kingdom)」**と称されます。

「カントリー」と聞くと、「国」をイメージするかもしれませんが、そうではありません。国家の定義は、**「国民」「主権」「領域」の3つを備えたもの**をいい、「主権」は簡単にいえば、**内政権と外交権**のことです。スコットランドは内政権こそ有していますが、外交権は有していませんので、イギリス政府を飛び越えて日本と条約を結ぶなどといった外交交渉

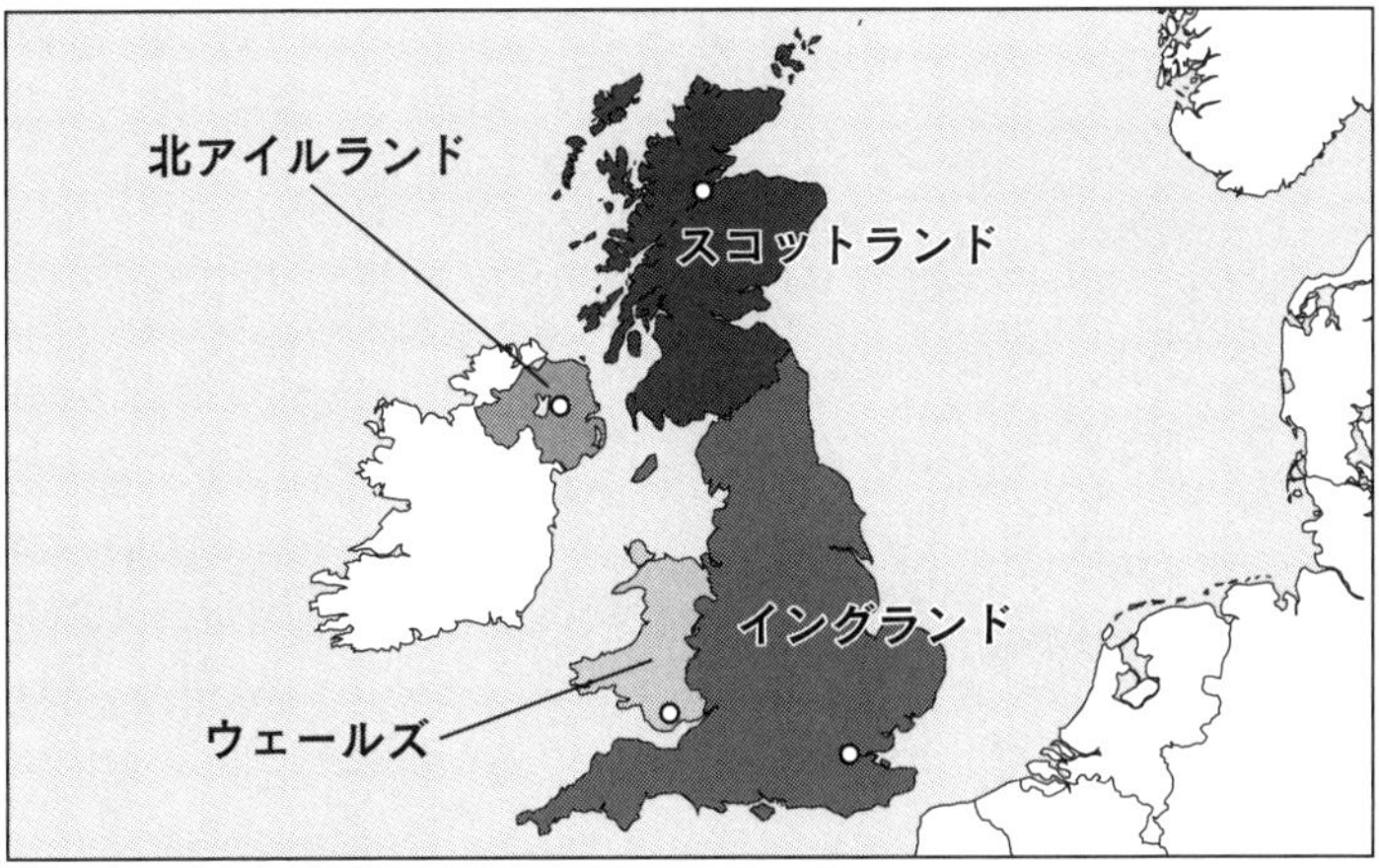


「イギリス」を構成するの4つのカントリー

はできません。これは、アメリカ合衆国の各州も同様です。つまり、スコットランドなどの、イギリスを構成するカントリーが単独でEUに加盟することはできません。

スコットランドの前進である、スコットランド王国が誕生したのは843年とされ、建国したのはケルト語派の言語を話す民族でした。ケルト語派は、インド・ヨーロッパ語族に属する語派で、アイルランド語やウェールズ語、ゲール語などがあります。

スコットランドはかつてカレドニアと呼ばれ、山がちな地勢を示しています。ノルウェー

＊2 スコットランド独立を問う住民投票 実施できず 英最高裁が判断
https://www3.nhk.or.jp/news/html/20221124/k10013901561000.html

やスウェーデンが位置するスカンディナヴィア半島を縦断する、スカンディナヴィア山脈とともに、「カレドニア山系」と称されていました。現在でも、カレドニア運河が存在する「カレドニア地峡」にその名が残っています。

アイルランドにいたケルト人はゲール人と呼ばれ、その一派であるスコット人はアイルランド北東部で生活をしていました。彼らの略奪行為を、古くはアイルランド語で「スコティ」と呼んでいたらしく、そこから転じてスコット人と呼ばれるようになったとのことです。そして彼らが移り住んだブリテン島北部が、「スコットランド」と呼ばれるようになっていきます。

スコットランドの南側に位置しているのがイングランドです。

「イングランド（England）」はグレートブリテン島のおよそ3分の2を占める面積をもち、イギリスの人口のおよそ80％を有しています。イングランドという名称は、ドイツからやってきたアングロサクソン系の「アングル人の土地（Engla-land）」に由来します。

ケルト系民族が生活していたのがスコットランドであり、アングロサクソン人が生活するイングランドとの抗争の中でそれぞれは独自の文化を形成していきました。

927年にはイングランド王国（927〜1707年）が建国されます。これはサクソン人であったウェセックス家のアゼルスタン（895〜939年）の時代に、イングランドの政治統一が図られたことから、彼が歴史上最初のイングランド王と見なすことに依ります。

それからのイングランドはウェセックス家とデーン家が交互に国王の座に就き、その後、ノルマン朝、プランタジネット朝、ランカスター朝、ヨーク朝と続き、ヘンリー7世の時代にテューダー朝（1485〜1603年）が始まります。1603年になると、テューダー朝最後のイングランド王であったエリザベス1世が亡くなります。そして、後を継いだのはジェームズ6世（1566〜1625年）でした。これが、ステュアート朝の始まりです。

## テューダー朝からステュアート朝へ

ジェームズ6世は、スコットランド王国のエディンバラの生まれです。父はヘンリー・ステュアート、母はスコットランド国王メアリー・ステュアートです。メアリー・ステュアートの父はジェームズ5世（1512〜1542年）であり、彼には男子が2人いましたが、いずれも夭折しています。そのため、女子の長子相続としてなんと生後6日で即位します。

メアリー・ステュアートは生涯で3回結婚しています。一度目はフランス王フランソワ2世（間に子供はいない）、二度目は自身の従弟（父方の祖母の孫）であるヘンリー・ステュアート、三番目はジェームズ・ヘップバーンです。そして、二番目の夫との間に生まれたのがジェームズ6世（1566～1625年）です。

ジェームズ6世が生まれてすぐ、すでに不仲だった母メアリーと父ヘンリーは、ヘンリーの不審死によって婚姻関係が終わります。その後すぐ、父ヘンリーを殺害したと疑われるジェームズ・ヘップバーンと結婚したこともあり、母メアリーはスコットランド国王を廃位されたため、ジェームズ6世は1歳1か月で即位します。

1603年、ジェームズ6世が36歳のころ、イングランド国王エリザベス1世が亡くなります。彼女は後継者を残さずに亡くなってしまいます。そこで、テューダー朝に最も近い血筋を持った人物を次代の国王として迎えようということとなり、ジェームズ6世がイングランド国王となります。そしてジェームズ6世はステュアート家出身であるため、ここからがイングランドにおけるステュアート朝の始まりです。

なぜジェームズ6世に白羽の矢が立てられたかといえば、彼がヘンリー7世の血を引いていたからです。母メアリーと父ヘンリーは従弟同士であったため、両親ともにヘンリー

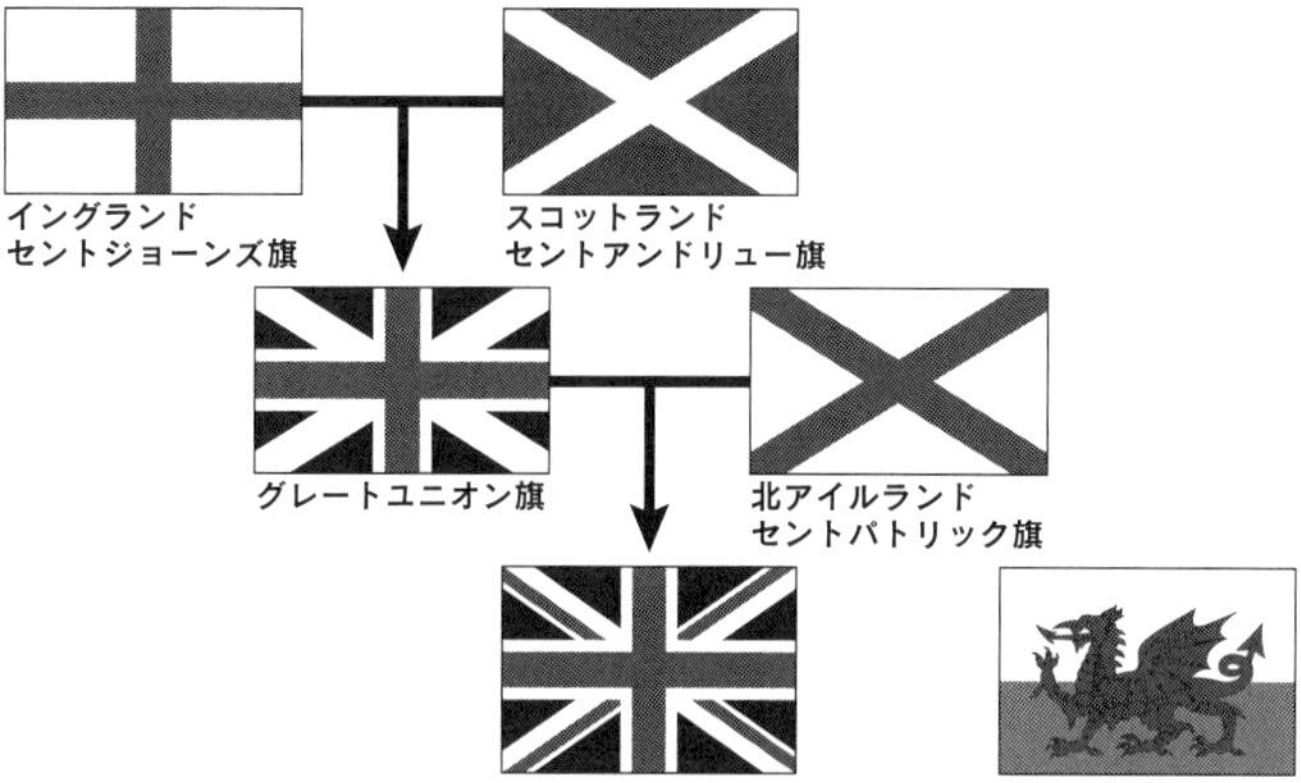


旗の変遷

7世の血を引いています。ジェームズ6世はエリザベス1世から数えて6親等の親族です。「血のなせる業」とはよくいったもので、いつの時代においても、またどんな国においても「血統の正統性」は求められるものです。日本には、万世一系で創り出した皇統というものが存在します。これが、権威というものです。

　ジェームズ6世は、イングランド国王「ジェームズ1世」として、スコットランド国王を兼ねることとなりました。いわゆる、一人の国王が二つの国の国王を兼ねる、同君連合という体制です。同君連合といえば、かつてのデンマークとノルウェー、ポーランドとリトアニアなどが知られています。

　ジェームズ1世による同君連合により、イングランドのセントジョージ旗とスコットランドのセントアンドリュー旗を重ねて、最初のユニオンジャックが考案され、「ユニオンフラッグ」と呼ばれる国旗が作られました。そして、このジェームズ1世の後を継いで国王となったのが、息子であるチャールズ1世です。

チャールズ1世は父親同様に王権神授説を持ち出し、議会との対立を招くと、イングランド国内の社会は不安定となっていきます。これにより、王権の暴走を止めるべく、ピューリタン革命（清教徒革命）と呼ばれる市民革命が起きました。また、この革命による混乱に乗じて、当時アイルランドから蜂起したカトリック政権を排除する目的も加わっていきます。その後、国内は議会派と王党派に分かれ、内戦へと発展していきます。

結局は議会派の勝利に終わり、チャールズ1世は処刑されて共和政が敷かれることとなり、またアイルランド支配が確立した出来事でもありました。この時樹立したイングランド共和国が、イギリス史上唯一の共和政の時代（1649〜1660年）です。

初期のイングランド共和国は議会を中心に政治が執り行われ、1653年からはイングランド共和国の国家元首として護国卿（Lord Protector）が定められ、これにオリバー・クロムウェルが就きます。その後、彼の息子であるリチャード・クロムウェルが就任しますが、結局国内は不安定化し、チャールズ1世の息子であるチャールズ2世がフランスから帰国して、王政復古がなされていきます。

## 独立の是非を問う住民投票

前述のように2014年9月18日、スコットランドのイギリスからの独立の是非を問う住民投票が行われました。この時の投票結果は、「独立支持」が44・7%だったのに対し、「独立反対」が55・3%と僅差で独立は達成されませんでした。

事の発端は1997年、「スコットランド出身」のトニー・ブレアが43歳の若さで英国首相の座に就いたことでした。ブレア首相の時に香港が中国へと返還され、ここに大英帝国が事実上終焉します。そして、1997年の住民投票を経て、翌年に成立したスコットランド法に依り、1999年にはスコットランド議会とスコットランド行政府の設立を定め、大幅に自治権が移譲されました。

これは、ブレア首相が、「高まるスコットランドの独立の気運」を抑えようと、一種のガス抜きをしたといえます。そして、スコットランドにとっては292年ぶりに自治権を獲得したこととなりました。

1999年から292年前の1707年といえば、グレートブリテン王国が誕生した年です。スコットランド国王ジェームズ6世が、ジェームズ1世としてイングランド国王に即位して以来、イングランド王国とスコットランド王国は同君連合状態が続いていました。そして時を経て1707年、アン女王の時代にイングランド王国とスコットランド王国が合同して連合王国となることが決められた「合同法」が成立します。

こうして誕生したのがグレートブリテン王国です。しかしこれはスコットランドから自治権がなくなるということを意味していました。グレートブリテン王国はその後、1801年にアイルランド王国と合同して「グレートブリテン及びアイルランド連合王国」（1801～1922年）となります。

「スコットランドの自治獲得」によって独立の気運は収まったかに見えましたが、話はそう簡単に終わりません。

2011年のスコットランド議会選挙で、「スコットランド独立」を公約に掲げた政党、スコットランド国民党（SNP）が与党となります。党首のアレックス・サモンドが自治政府首相の座に就くと、彼はイギリス政府（当時の首相はデービッド・キャメロン）と交渉します。そして先述の通り、2014年9月18日に独立の是非を問う住民投票が行われました。デービッド・キャメロン首相は、「イギリスのEU離脱の是非を問う国民投票」を実施した人物でもありました。住民投票による「ガス抜き」がきくと思っていた節がありますが、「スコットランドの独立を問う住民投票」ではききましたが、「イギリスのEU離脱の是非を問う国民投票」ではききませんでした。

結局、サモンドは独立を達成できなかった責任をとり、自治政府首相と党首を辞任しました。サモンドの後を継いで自治政府首相となったのが、ニコラ・スタージョンでした。ちなみに、映画「007」シリーズで初代ジェームズ・ボンド役を務めたショーン・コネリーは、スコットランド出身の映画俳優です。当時、彼は「独立賛成」を明確にしていました。

## 独立する目的

独立を望む人たちが考える未来とは、おおよそ「高度の自治を手にすること！」が挙げられます。もちろん、内政権だけでなく、外交権も含まれるという意味です。スコットランドは「自治政府」が設置されているだけであり、外交権は有していません。これは、スペインのカタルーニャ自治州やカナダのケベック州なども同様です。

しかし、かつてナイジェリアで発生したビアフラ戦争（1967～1970年）を例にとってもわかるように、「経済的な自立」を目的とした独立運動というものもあります。

スコットランドにおける経済的な自立とは、**「北海油田の利権」と「情報技術産業」**にあると考えられます。

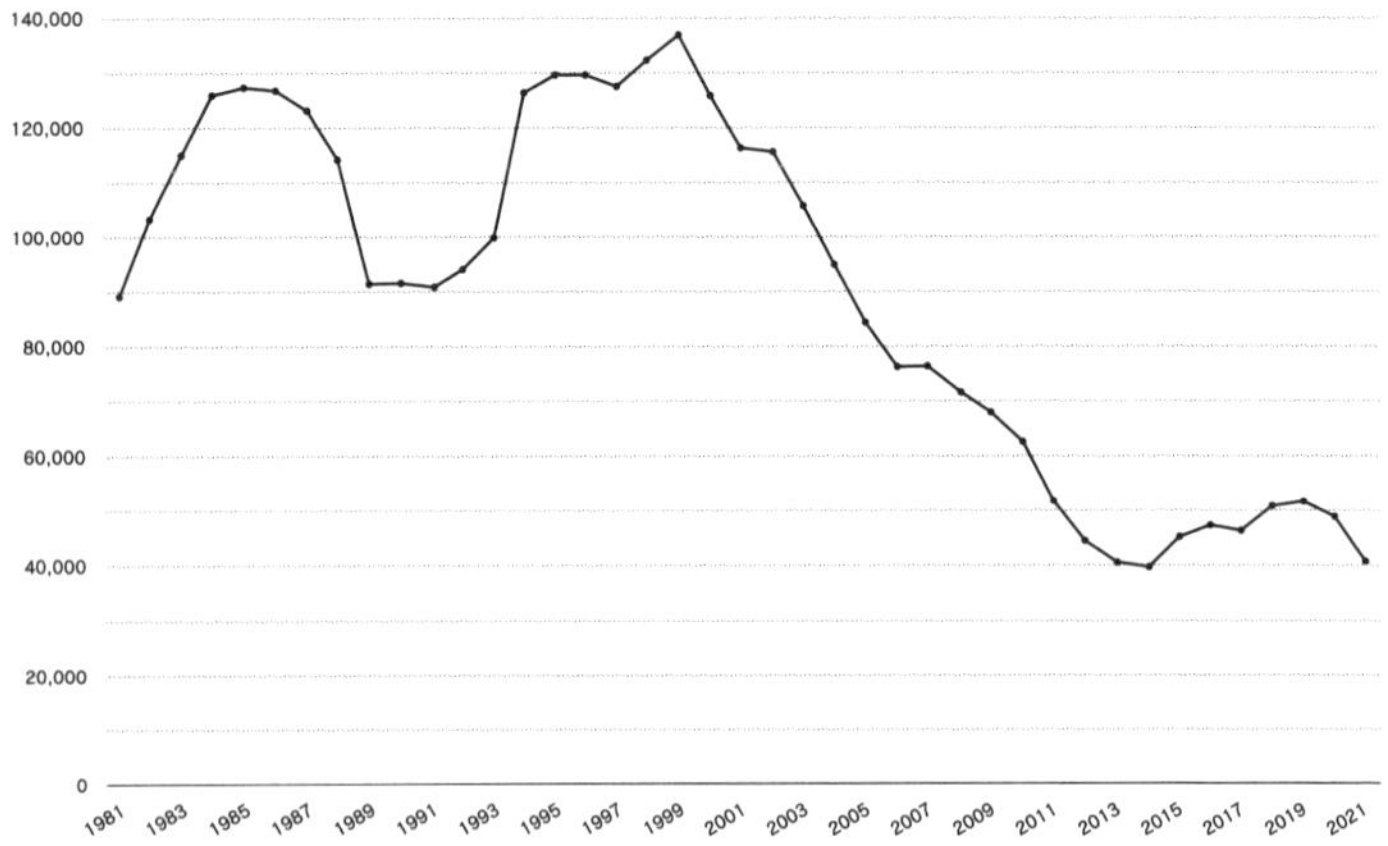


**イギリスの石油生産量**（出典：EI）［単位：千トン］

北海油田とは、グレートブリテン島の北東側の沖合に眠る海底油田です。1960年にイギリスが海底油田の開発を進め、後にノルウェーも参入してきます。1960年といえば、OPECが設立された時代でもあり、中東地域の産油国に依存しない石油資源の供給を模索していた時代ともいえます。

この北海油田の恩恵もあって、元々は小さな漁港だったアバディーンは石油産業が興り、スコットランド第3の人口をほこるまでになりました。大学入試問題の地理で散見される、「アバディーンは石油化学工業が発達」という表記の背景です。しかし、イギリスが産出する石油生産量は1990年代後半を境に減少傾向にあります。

資源が豊富であれば、「悠長なこと」も言っていられるでしょう。しかし、「経済的な自立」の根拠となる石油生産量が年々減少傾向にあることを考えれば、一日も早く独立を達成したいと思うのではないでしょうか。石油資源が枯渇してしまっては独立する根拠が存在しなくなり、「結局はイギリスに帰属していた方が良いよね〜」となりかねないわけです。

また、イギリスがEUから離脱したこともあって、EUのルールに関係なく、石油資源を自国の経済発展のために使うことが、以前よりも容易になったといえます。それは、ノルウェーがEUへの加盟により自国都合で石油輸出ができなくなることを嫌っているため、加盟に乗り気ではないことからも理解できます。もちろん、OPECにも加盟しておらず、さらにいえばOPECプラスにも参加していません。

## 「経済的に自立できる国」は群れたがらないものです。

また、スコットランドといえば、情報技術産業が集積する地域としても知られています。ここは「シリコングレン」と呼ばれており、「グレン」はスコットランド・ゲール語で「谷」を意味しますので、「シリコングレン」とは、その名の通りスコットランド版「シリコンヴァレー」です。

シリコングレンは、1953年にアメリカ合衆国のIBMが製造拠点としたことから始まります。これは炭田を基礎に経済発展した歴史を持ち、エネルギー革命で石炭産業が衰退した時代背景から、スコットランドが新しい産業へのシフトチェンジが急務だったことが考えられます。

ＩＢＭの進出を皮切りに、多くの企業がスコットランドに製造拠点を置くようになっていきましたが、２０００年のＩＴバブルの崩壊で大打撃を受けました。この時、日本から進出していた日本電機（ＮＥＣ）も撤退しています。それ以来、シリコングレンではソフトウェア産業への移行を主軸として、産学協同も進めつつ、「新しいシリコングレン」を模索しています。

スコットランドといえば、ウィスキーが有名です。他にも、漁業や造船業、観光業なども盛んですが、やはり「北海油田の利権」「情報技術産業」といった二つの柱が、スコットランド経済の大きな強みです。こうした強みを活かし、「ナショナリズム」が高揚したのではないでしょうか。

## スコットランドには「エリザベス」は存在しない

2022年9月8日に崩御されたエリザベス女王は、一般には「エリザベス2世」と呼ばれていました。しかし、スコットランドでは「エリザベス1世」と呼ばれることが多かったといいます。確かにスコットランドの歴史を紐解いてみても、「エリザベス」と名乗った国王は存在しません。つまり、エリザベス女王は「スコットランドの歴史上、初めての『エリザベス』」という認識だったようです。

1707年のグレートブリテン王国、1801年のグレートブリテンおよびアイルランド連合王国、1927年のグレートブリテン及び北部アイルランド連合王国がそれぞれ成立しても、スコットランドは「あなたたちとは違うんです！」という想いを持ち続けていたといえます。

2023年の住民投票、実施されていたらどのような結果となったのでしょうか。真実には近づけぬまま、ただただ新しい歴史が刻まれていくこととなります。

## カタルーニャ独立運動が直面する経済的苦難

「大同団結」という言葉があります。

わが国では、1890年の帝国議会開設を前にして、1886年から始まった反政府運動が知られています。他にも大同団結といえば、ヨーロッパ列強の侵略に危機感を覚えた国民党と共産党が「民族独立」を守るという点で協力した「国共合作」が知られています。**大同団結とは、たいがい「共通の敵」がいる状態でなされることがほとんどです。**つまり「敵の敵は味方」という状態になったとき、発動することがほとんどです。

かつてのスペインもそうでした。ヨーロッパのイベリア半島は、現在はスペインとポルトガルが位置していますが、8世紀初頭にイスラーム勢力に支配されます。スペイン南部のグラナダにイスラーム文化の名残がみられるのはそのためです。

イスラーム勢力に奪われた領土を奪回すべく、キリスト教勢力が活動したのが**「レコンキスタ」**です。日本語では「国土回復運動」とか、「再征服運動」と呼ばれます。「レコンキスタ」はスペイン語の「reconquista」であり、英語では「reconquest」、つまり「再征服」という意味です。

「再征服」は、718年、イベリア半島北部にアストゥリアス王国が建国されたのがはじまりとされています。それから700年にも及ぶ長い間、イベリア半島では騒乱が繰り返され、1492年にグラナダが陥落してレコンキスタが完成します。

この前の段階でイベリア半島に存在したカスティーリャ王国とアラゴン王国が統合されて、カスティーリャ王国のイザベル1世とアラゴン王国のフェルナンド2世の2人が「両王」として統治していきます。

1492年といえば、クリストファー・コロンブス（スペイン名「クリストバル・コロン」）によって新大陸が発見された年でもあり、新たなる領土獲得（という名の「植民地支配のはじまり」）により、国力を蓄えていきました。この頃のスペインは「スペイン帝国」と称され、1521年にはアステカ王国、1533年にはインカ帝国を滅ぼし、現在ラテンアメリカと呼ばれる多くの地域をスペイン植民地としていきました。また1529年にはサラゴサ条約によって現在のフィリピンをスペイン領とするなど、まさに「太陽の沈まない国」と称されるほど、世界中に植民地や属領を有していました。

ちなみに、1542年に当時王太子であったフェリペ（Philip）の名にちなんで名付けられたのが、現在の「フィリピン（Philippines）」です。フェリペは後にフェリペ2世となり、スペイン帝国黄金期を築いた偉大なる人物と称されています。

こうして海外領土を獲得し、国力が増していく、つまり「皆が、明日を夢見て同じ方向を向いている」状態は政治が安定するものです。しかし、これが迷走し始めると、「あれ？俺たちの存在意義ってなんだっけ？」という考えが頭をもたげてくるものです。

## カタルーニャ独立の歴史

スペイン東部にカタルーニャ自治州があります。

このカタルーニャ自治州では、独立の気運が絶えず存在していて、これまで5回も「カタルーニャ共和国」として独立宣言を行っています。こうした、いわゆる「カタルーニャ・ナショナリズム」の灯火が消えることなく、時を超えて現代にまで受け継がれている理由は何なんでしょうか？

歴史上、初めて「カタルーニャ共和国としての独立宣言」がなされたのは、1641年のことでした。この時は、わずか一週間後にスペイン中央政府から軍が差し向けられたた

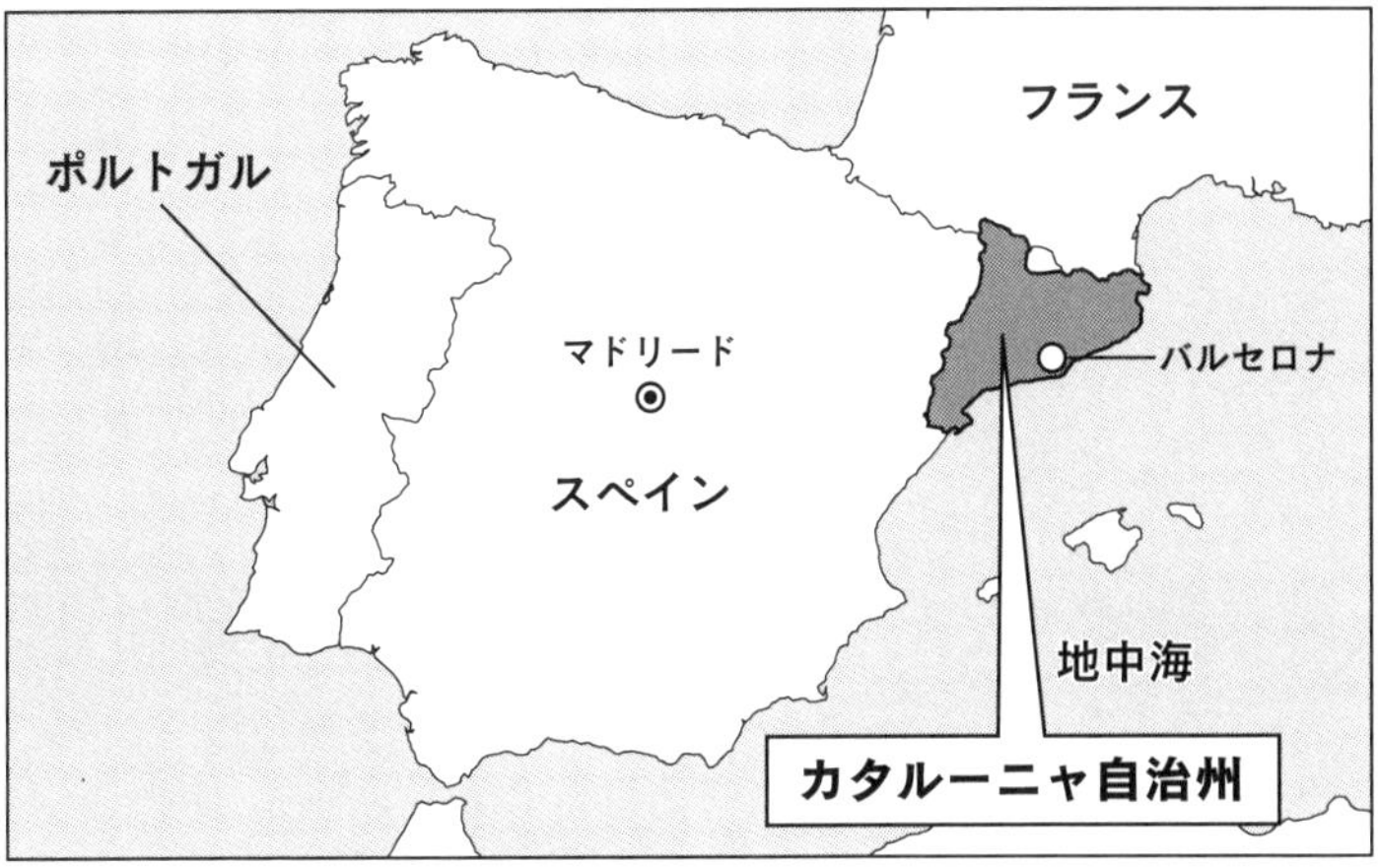


カタルーニャ自治州の地理的位置

め、あっけなく沈静化されてしまいました。

二度目は1873年3月のことでした。同年2月に、スペイン国王アマデオ1世が退位したことによって成立したスペイン共和国（スペイン第一共和政、1873～1874年）の初代大統領に就任したのが、エスタニスラウ・フィゲラス・イ・モラガス（1819～1882年）というバルセロナ出身の政治家でした。しかし、この時の一方的な宣言は混乱を招いてしまい、フィゲラスはフランスへ亡命していきました。

その後、翌1874年には王政復古がなされます。しかし、1898年のアメリカ・スペイン戦争（1898年4月～1898年8月）に敗北し、プエルトリコやグアム、そしてフィリピンを手放すこととなります。またキューバに対する主権を放棄するなど、長らく「太陽の沈まない国」と称された「スペイン帝国」は崩壊しました。ちなみにフィリピンは、この時にアメリカ植民地となったこともあって、公用語の一つが英語です。

こうした経緯もあって、国王の権威は失墜し、1923年から1930年にかけて軍事政権が樹立されました。しかしこれが国民に評判が悪く、また国王が軍事政権の後ろ盾となっているほどでした。そして軍事政権の中心人物であったミゲル・プリモ・デ・リベーラ・イ・オルバネハ（1870〜1930年）が死去すると、時の国王アルフォンソ13世は国外へ脱出。スペイン史上二度目の共和国であるスペイン共和国（スペイン第二共和政、1931〜1939年）が誕生します。このスペイン共和国内での独立は、イベリア半島の統一を目指すイベリア主義を刺激し、結局、独立は撤回させられました。

四度目は1934年のことでした。当時、イタリアのファシスト党やドイツのナチスといった存在に危機感を覚えたリュイス・カンパニーズ・イ・ジョバー（1882〜1940年）が、スペイン中央政府と距離を置くことを目的に建国を宣言しました。しかし、これはスペイン軍によって鎮圧され、カンパニーズは逮捕されてしまいます。

## 五度目の独立宣言

1934年を最後に、表だった独立運動はみられませんでしたが、2010年代に入ると、独立の気運が高まってきました。きっかけは2006年のことでした。

遡ること1936年、第二共和政下のスペインにて内戦が勃発します。これは右派と左派による内戦でした。時の政府は左派政権であり、これに右派の反乱軍によるクーデターが勃発しました。この時、右派を率いたのがフランシスコ・フランコ・バハモンデ（1892～1975年）であり、これを支援したのがドイツであり、イタリアでした。つまり、ファシズム陣営に支持された右派陣営のクーデターでした。

内戦は1939年に終結し、スペインはフランコ政権へと移行します。フランコ政権下では憲法が停止状態であったため、正式国名は存在しません。フランコは1975年に死去するまで総統として独裁体制を敷きました。

**独裁者の死去は、それをきっかけとして必ず民主化運動へと発展します。**

民主化運動の成果として、1977年には議会が再開され、停止中だった憲法の再成立に向けて動き出し、翌1978年にスペイン憲法が成立しました。一般に「1978年憲法」と呼ばれています。そして1931年以来の王政復古がなされスペイン・ブルボン朝が始まりました。現在の国王はフェリペ6世（1968〜、先代は実父のファン・カルロス1世）です。

　この「1978年憲法」に基づいて規定されたのが、「2006年カタルーニャ自治州憲章」です。この憲章に対して、憲法裁判所が違憲判決を出したことで、2010年7月にカタルーニャの州都のバルセロナで大規模なデモが発生しました。その後、デモは毎年のように行われ、2012年9月11日には独立デモに150万人が参加、2013年9月11日は「カタルーニャ独立への道」、2014年9月11日は「カタルーニャの道2014」、2015年9月11日は「カタルーニャ共和国への自由の道」がそれぞれ開催されています。

　毎年9月11日に開催されていましたが、この日は、「カタルーニャ国民の日」となっていて、1714年9月11日、スペイン継承戦争で敗れた日にちなんでいます。

　特に、2013年は、1989年のエストニアにおける「バルトの道」に倣ったデモとなり、なんと400kmもの距離をおよそ160万人が手を繋いで「人間の鎖」を創り出しました。*3

　カタルーニャ自治州は、2011年時点で「闘牛禁止条例」を制定していて、明らかな民族性の違いを表していました。スペイン中央政府から離脱して高度な自治を行いたいという意思の表れです。

こうしてカタルーニャ自治州は、２０１４年11月9日に非公式ながら独立の是非を問う住民投票を実施します。非公式での実施でも憲法違反であるとの立場を採った中央政府に対し、投票実施を差し止める決定を下していた憲法裁判所を無視してカタルーニャ自治州は「差し止めは言論の自由を侵害するものだ！」として、実施に踏み切りました。

結局は、「カタルーニャ自治州が国家となり、スペインからの独立を望む」と投票した住民が80％を占める結果となりました。また２０１７年10月1日にも独立の是非を問う住民投票を実施し、独立支持が92％をも占めるという結果となりました。この時の投票では、中央政府の投票妨害が行われ、多くの住民が負傷しました。

そして10月27日、実にカタルーニャ五度目の独立宣言を議会の賛成多数で可決しました。

## カタルーニャ自治州の経済状況

カタルーニャ自治州はスペイン全体のおよそ20％近くのＧＤＰ（２０１６年）を占める、

＊3 【5分くらいでわかる地理】エストニア「『歌う革命』に集まった国民は30万人！ エストニア独立のために作った『人間の鎖』が赤軍の心中を阻止した！」
https://www.youtube.com/watch?v=E2oJ2kg8FKw

経済的にはかなり豊かな地域であり、これはポルトガルと同規模のGDPです。長らく首都があるマドリード自治州よりも高い数値でした。

カタルーニャ自治州の経済の柱は、**「観光業」と「自動車工業」**です。

特に州都バルセロナは観光業の中心地であり、「一体、いつ完成するの?」でおなじみ、サグラダ・ファミリア教会、そしてグエル公園など、アントニオ・ガウディが遺した建築物が数多く存在します。またサッカーのFCバルセロナ、RCDエスパニョールが人気を博しています。

さらに、自動車工業が発展して、カタルーニャに拠点を置くスペイン国産のセアト(フォルクスワーゲン・グループ傘下)、そして日産自動車が有名です。

スペインといえば、先進国としては珍しく、輸出統計が「1位自動車、2位機械類」となっています。フランコ政権下では輸入代替型工業化政策を採用しており、この時に設立されたのがセアトです。

その後のスペインは、民主化運動によって王政復古がなされた頃に、輸出指向型工業化政策を進めていきます。そして、1986年のEC(当時)への加盟が自動車工業の発展を促していきます。

ヨーロッパにおける自動車生産国といえば、やはりドイツやフランス、イギリス、イタリアなどです。スペインはこれらの国よりも賃金水準がやや低く、EC域内への無関税輸出が可能なことも踏まえて、海外自動車企業の生産拠点となっていきます。もちろん部品製造業の集積も進み、サプライヤーが成長していきます。

2004年のEU拡大で東ヨーロッパ諸国が加盟したことで、賃金水準の優位性を失い、大衆車の製造拠点は東ヨーロッパへと移っていきますが、その後はSUVなどの多目的車や高級車などの生産へシフトしていきます。生産台数のおよそ90%を輸出に回しており、ヨーロッパの自動車製造拠点となっています。

カタルーニャ自治州のGDPのおよそ5%を占めるほど、地域経済に貢献しているのがセアトですが、近年のカタルーニャ自治州の独立に対する余波を考慮して、セアトCEOのルカ・デ・メオが「カタルーニャ自治州から撤退することも考えている」と表明しています。2019年12月のことです。EU域内にいるからこそ、安定した操業が可能であり、安定した輸出が可能であることをセアトCEOはよく理解しているがゆえの表明です。

また、2020年5月には、日産自動車が2020年末までにバルセロナ工場の閉鎖方針を発表していました。自動車工業は雇用がピラミッド構造となっていて、非常に雇用力が大きい産業です。そのため、工場の閉鎖は単に工場で働く従業員が職を失うだけでなく、間接雇用なども失われてしまいます。

　バルセロナ工場の閉鎖によって2万5000人もの雇用が失われると試算されていて、住民による抗議デモが繰り広げられましたが、結局は2021年末で工場が閉鎖されることとなりました。このデモは彼らの正義でもあろうかと思いますが、工場閉鎖もまた日産自動車の正義といえます。**正義の対義語は「別な正義」である**という典型的な話です。

「正義」というのは実に難しく、時に「赤信号、みんなで渡れば怖くない」となりがちです。これまで血と汗を流して独立を目指したご先祖様のことを思えばこそ、カタルーニャ自治州の何百年にもわたる独立の気運を正義と捉える向きはあるでしょう。しかし、現代人が不自由な想いをしてまで成し遂げたい正義とは一体誰の為になるのでしょうか。

　みなが同じ方向を向いているときにこそ人々は大同団結します。それはカタルーニャ自治州の豊かな経済力が下支えとなっていたことは間違いありません。しかし、近年のコロナ禍による観光業へのダメージ、自動車工業の低迷などで、カタルーニャ自治州の独立の気運にはやや不安要素が頭をもたげているのも確かです。

　それを裏付けるかのように、2021年2月14日に実施されたカタルーニャ州議会選挙においては、前回選挙に引き続き、独立派が過半数を維持しましたが、投票率が25・6ポイントも低下しました。これもカタルーニャ自治州の民意です。

しかし、カタルーニャ自治州の独立運動が長引くほどに経済の衰えが目立つようになっています。つまり、カタルーニャ自治州の独立は「EUからの離脱」を意味すると考えられ、EUのルールに則った企業活動が困難になるのではないかという恐れがあるからです、実際、多くの企業がカタルーニャ自治州から流出しています。長らくスペイン最大であった経済的地位をマドリード自治州に明け渡してしまったほどです。

誰しも「自分で自分をコントロールしたい」とそう思っています。自らの正義が社会的正義に昇華したと勘違いしてしまいがちであり、「合成の誤謬」といえるのかもしれません。

## ナイジェリア「ビアフラ戦争」の背後にあった大国の影

世界各国を見渡しても、「これほどまでに多くの民族が混在する国はないのでは?」と思うほどの多民族国家がアフリカに存在します。

ナイジェリアです。ナイジェリアは200とも、300ともいわれるほど、多くの民族が混在する国です。中でも、南東部のイボ族、南西部のヨルバ族、北部のハウサ族が人口の多い民族です。

1967年、この中の一つ、イボ族が独立を目指し、ビアフラ共和国の建国を宣言したのがナイジェリアで発生した**ビアフラ戦争**です。この戦争は内戦であり、1970年まで続きます。国内は疲弊し、多くの子供たちが飢えに苦しみ死んでいきました。

### 奴隷海岸と三角貿易

かつてナイジェリアでは、隣国のトーゴやベナンとともに、その海岸線が「奴隷海岸」

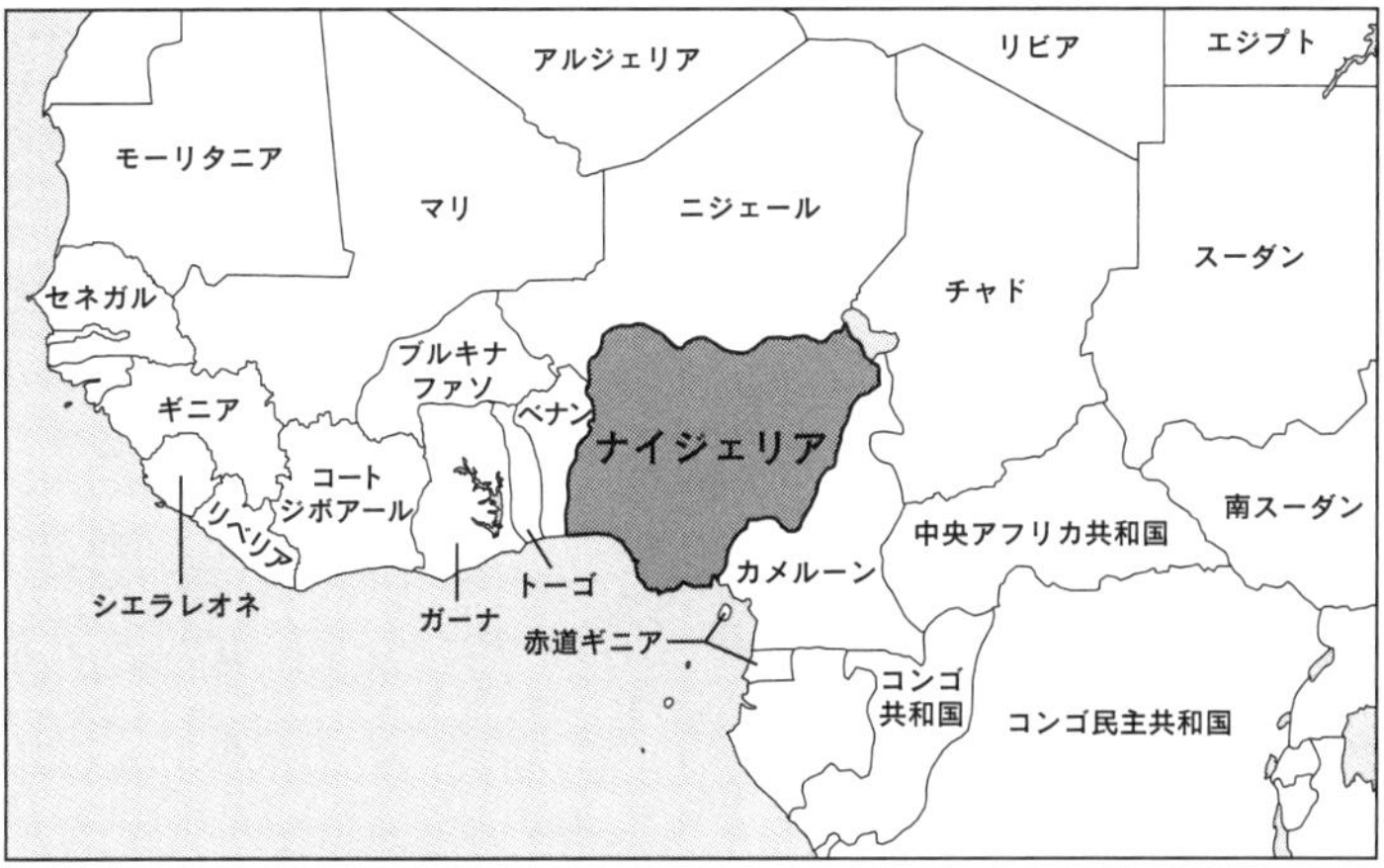


**ナイジェリアと周辺国の地理的位置**

と呼ばれていました。もちろん、これはヨーロッパ側からの呼称です。このギニア湾岸から新大陸へ連行されていった黒人たちは1000万人を超えるともいわれており、現在のアメリカ合衆国南東部、バハマ、ハイチ、ジャマイカ、小アンティル諸島の8か国、ブラジルなどにいる多くの黒人や黒人との混血の人たちは、この頃の黒人奴隷の子孫です。

三角貿易は17世紀頃から始まったとされていて、「ヨーロッパ・ギニア湾岸・新大陸」の3地域で行われた貿易です。「貿易」とはいっても、農産物や鉱産資源、工業製品などのやりとりではなく、「ヨーロッパ→ギニア湾岸」はカネと武器、「ギニア湾岸→新大陸」は黒人奴隷、「新大陸→ヨーロッパ」は綿や砂糖が運ばれていました。当時の大陸間の輸送手段は船でしたので、これらの人々や物品が船によって運ばれていました。

これらの船は海流を利用していたことが興味深いです。

「ヨーロッパ→ギニア湾岸」は、カナリア海流（寒流）、「ギニア湾岸→新大陸」は赤道海流（暖流）、「新大陸→ヨーロッパ」はメキシコ湾流（暖流）をそれぞれ利用していました。ちなみに、暖流は高緯度に向かって流れる海流、寒流は低緯度に向かって流れる海流のことを指していて、「〇℃以上が暖流」などといった、水温による絶対的な基準はありません。


イギリスやフランスなどのヨーロッパ諸国は、新大陸でのプランテーション農業の労働力として、最初は自国民を募るなどしていました。しかし、労働力不足は否めず、その後は現地の先住民（ネイティブアメリカン）を活用しましたが、それでも足りず、アフリカから黒人を奴隷として連行していました。

このとき、ヨーロッパ人はギニア湾岸に出向いて黒人と接触し、「おい、お前！　嫌いなやついるか？　いるならそいつを捕まえてこい！」とカネと旧式の武器を渡します。旧式の武器を渡すというあたりが、黒人の反乱を考慮してのことと思われます。そして報酬を貰い、旧式の武器を携えた黒人Aが黒人Bを従わせ白人に売り渡します。

黒人たちは船に乗せられ新大陸へと連行され、農業奴隷として綿花やサトウキビの栽培

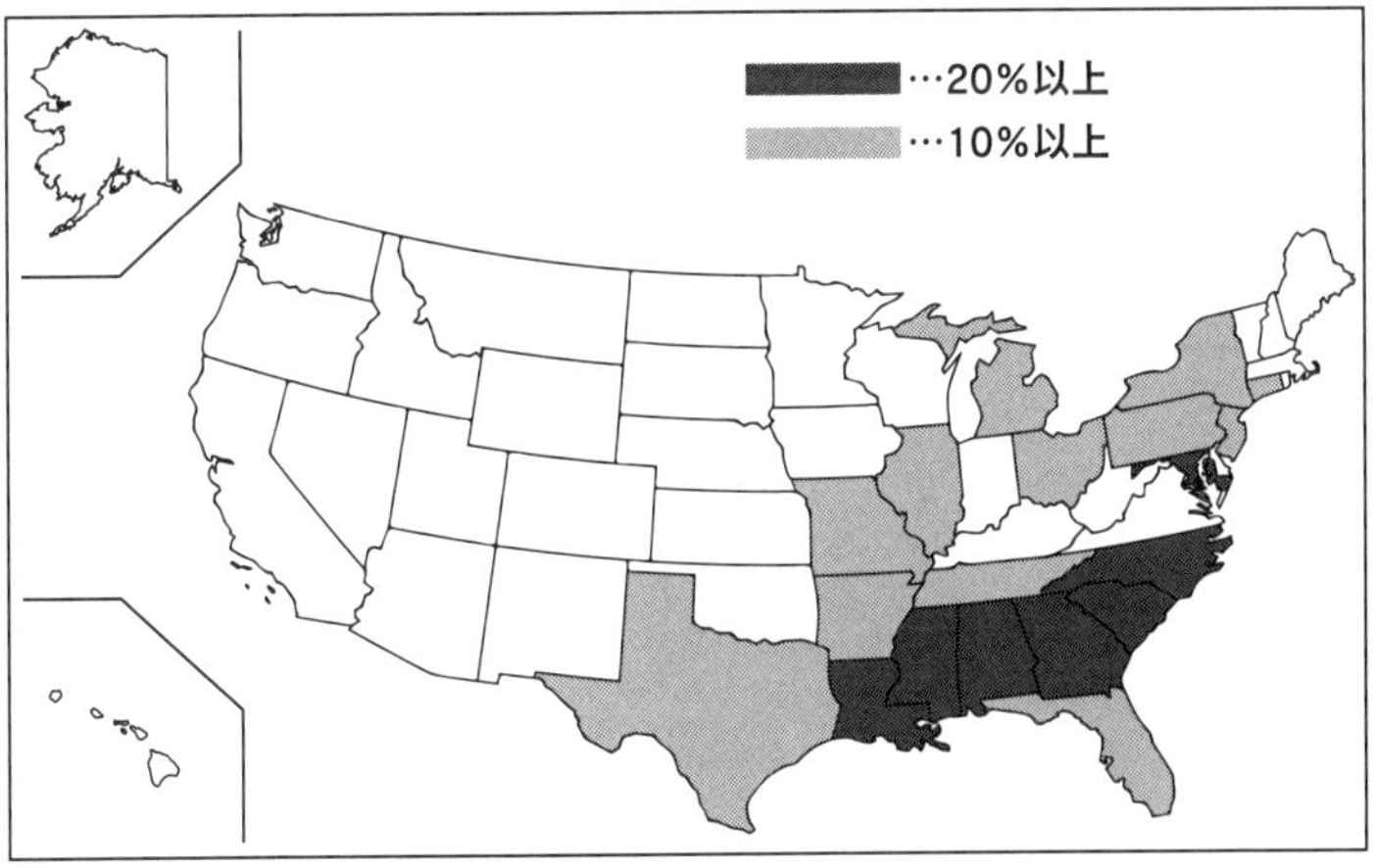


アメリカ合衆国における州別の黒人比率

に従事させられました。地理的な位置を考えれば、現在のアメリカ合衆国においては、黒人が太平洋岸よりもメキシコ湾周辺に多いことがわかります。その後、アメリカ合衆国が無敵をほこった1960年代に、北部の工業地域へ労働力として、南部の黒人が移動します。「モーターシティ」と呼ばれ、自動車工場が集積したデトロイトは現在でも住民の多くを黒人が占めています。

ヨーロッパ系白人の監督の下、アメリカ合衆国では黒人が綿花やサトウキビの栽培に従事し、生産された綿や砂糖がヨーロッパへと輸出されていきました。これが三角貿易です。このことからも分かるように、三角貿易とは、実質的な「黒人の人身売買」だったといえます。こうした奴隷貿易は1803年にデンマークが最初に奴隷貿易を廃止し、以後19世紀半ばまでにはヨーロッパの多くの国で奴隷制が廃止されていきました。

最後まで奴隷制を続けていたのはアメリカ合衆国でした。アメリカ合衆国は1808年には奴隷貿易を禁止していましたが、綿花やサトウキビの主産地である南部諸州の農園主たちは「奴隷制維持」を叫んでいました。これが北部諸州との対立へと発展し、南部諸州は1861年にアメリカ連合国を建国して、北部諸州との間で南北戦争を起こします。1865年、南北戦争は北部の勝利に終わり、同時に奴隷制の全廃、そしてアメリカ連合国は消滅しました。

1950年代から60年代にかけて、アメリカ合衆国では黒人に公民権を与え、人種差別の撤廃を求めた社会のうねりを創り出したことがありました。その後は、マーチン・ルーサー・キング・ジュニア（キング牧師）などが主導した**公民権運動**へと昇華していきます。しかし、現在においても人種差別は根強く残っているといっても過言ではありません。

## ビアフラ戦争と忍び寄る大国

1967年、ナイジェリアで人口の多い三大民族のうち、南東部で生活するイボ族が独立を宣言しました。独立を果たした1960年のナイジェリアは3州から成っていましたが、1963年からは4州となります。北部州（北部一帯）、西部州（南西部一帯）、中西部州（中部一帯）、東部州（南東部一帯）の4つです。その後12州に分割されていきますが、これに強く反発したのが東部州でした。

独立宣言の背景には色々な場合が考えられますが、「経済的な自立」は大きな要素を占めています。イボ族が居住している地域はポートハート油田という油田が存在し、1960年の「アフリカの年」にナイジェリアが独立した後に発見されました。イボ族はこの原油を背景に経済成長を遂げていきます。

ビアフラ戦争が勃発する前年、イボ族将校によるクーデターが発生しますが、同じイボ族の将軍に鎮圧されます。これを機に臨時政府が樹立されると、北部のハウサ族による反発が強まり、多くのイボ族が殺害されていきます。この流れで、臨時政府を樹立した将軍も殺害され、勢いに任せてハウサ族によるイボ族殺害が拡大していきました。

これを受けて、東部州の州知事を務めていた軍人が「ビアフラ共和国」として東部州の

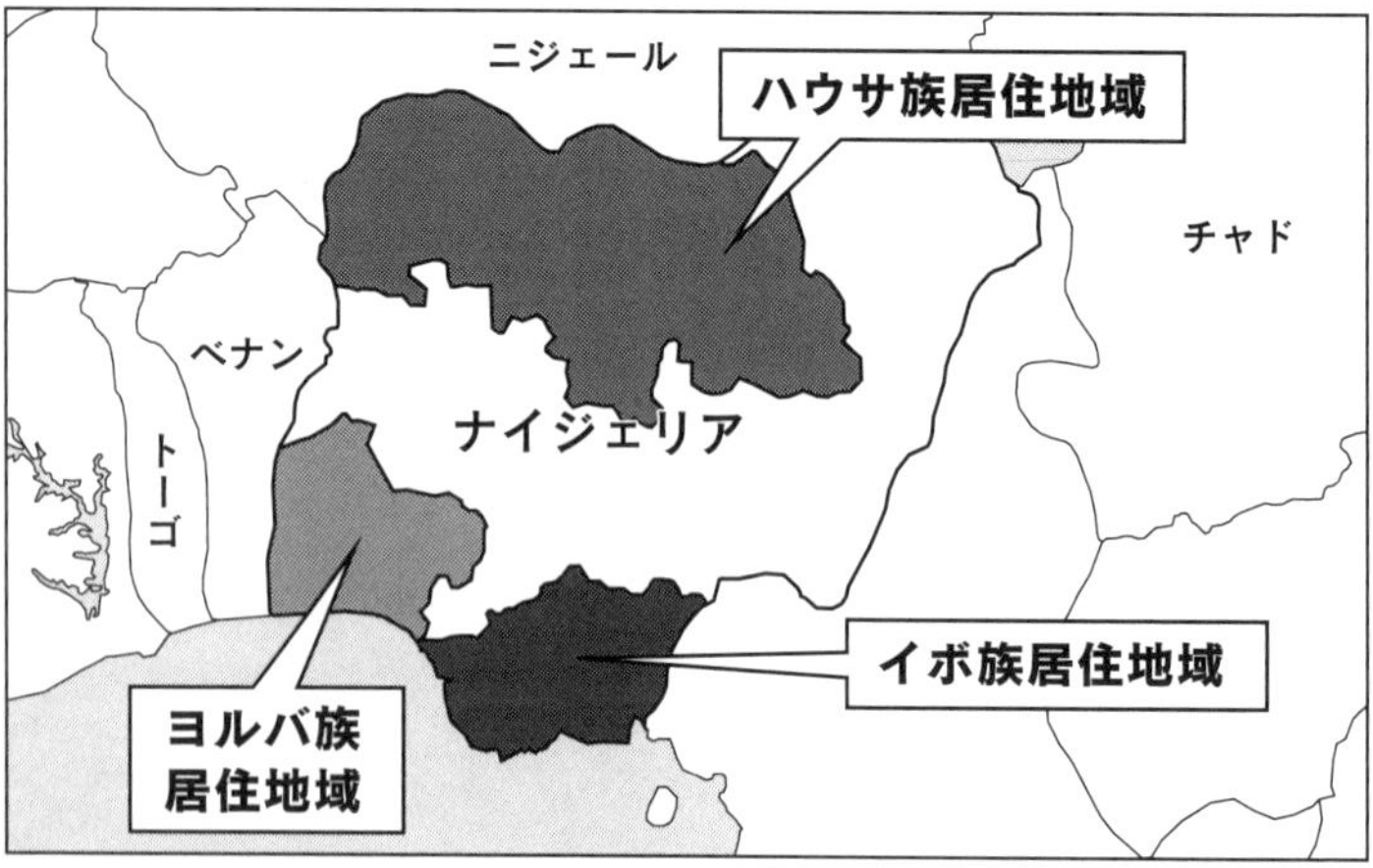


ナイジェリアにおける三大民族の居住地域

独立を宣言します。1967年5月30日のことです。

東部州の独立に待ったをかけたのが、北部州と西部州でした。「北部州・西部州vs東部州」の対立となり、ひいては、「ハウサ・ヨルバvsイボ」という民族紛争となっていきます。そして、ハウサ族とヨルバ族の多くはイスラーム信者、イボ族はキリスト教徒であり、宗教上の違いが浮き彫りとなっていきます。

戦争というものは、刀折れ、矢尽きて、カネがなくなり、気力を失うと終結するものですが、結局この戦争は1970年1月15日まで続きました。これは、両勢力を後方から支援する国の存在が主因です。刀が折れれば補給され、矢が尽きても補給され、カネを渡され、さらにはビンタで闘魂を注入されるものだから、一向に戦争が終わりませんでした。

一説には、先に述べた「黒人Aが黒人Bを白人に売り渡した」というのが、「イボ族がハウサ族を白人に売り渡した」という歴史が理由にあったともいわれています。そのため、ハウサ族のイボ族に対する憎悪というものがあったのかもしれません。

ナイジェリア軍を支援したのは、イギリスやソビエト連邦でした。イギリスはナイジェリアの旧宗主国であり旧植民地の現状変更を好まなかったこと、ソビエト連邦はアフリカに植民地を持たなかったことから権益を得ようと参戦したことが考えられます。

一方のビアフラ軍を支援したのは、フランスや南アフリカ共和国でした。両国は独立後のビアフラ共和国を「原油」や「石油製品」の輸入先にする算段があったようです。南アフリカ共和国はアパルトヘイトを続けていたこと、また禁輸措置を執られていたこともあり、原油の供給先を模索していました。

1968年にはナイジェリア軍がビアフラ共和国を包囲し、海上輸送などを阻止したこともあって、ビアフラ共和国は物資不足となって食料に事欠くようになります。これがビアフラ共和国で多くの飢餓を生むこととなり、多くの餓死者を出しました。少なくとも150万人以上の民間ナイジェリア人が餓死、戦死などで命を失いました。

独立を宣言した東部州知事はコートジボワールに亡命し、戦争は終結しました。

## 戦後のナイジェリアと支援国

ビアフラ戦争が終結するとそれまでの軍事政権は終わり、共和政へと移行します。そして、一つの州に大きな権限を与えないように州を細分化していきます。1996年には36州にまで増やしました。大きな権限を与えないという手法はスイスなどが好例です。逆に大きな権限を与えて拮抗させたのがベルギーです。

さらにナイジェリアでは英語を公用語とし、数多く存在する民族の共通言語として機能させています。また首都をラゴスから遷都することが決まり、ハウサ族、ヨルバ族、イボ族の居住地域ではない場所が選ばれます。それが現在のアブジャです。しかし、アブジャが都市として機能し始めたのは1991年のことであり、何もない荒野に街を作るのにかなりの時間がかかりました。

またフランスは原油の輸入先を確保できなかったこと、ビアフラ戦争終結後の1973年に第一次オイルショックが起こったことから、さらに原子力発電への依存度を高めます。ビアフラ共和国を原油の供給先として見いだしたこと、現在の主力電源を原子力においていることから、フランスはエネルギー資源に乏しい国であることは明白です。

そして、最近の「脱炭素」を目指し、「原子力依存度の低減」を進めていた矢先のロシアによるウクライナ侵略が始まったわけで、高騰するエネルギー事情を背景に「原子力って再生可能エネルギーだよね⁉ ねっ⁉」と言って、新規の原子力発電所の建設を決めてしまいました。ダサいといえばダサいですが、実に狡猾だなとも思います。ある意味たくましい。ダサいですけど。しかし、大統領制だからこそできることなのだろうなとも思ったりします。日本のような議会制民主主義では到底これだけ短期間での豹変ぶりは期待できません。

また南アフリカ共和国は原油の供給先として期待が外れたこともあり、ますます石炭火力発電へと注力していきます。

## 経済発展が期待されるナイジェリア

ナイジェリアは、原油輸出への依存度が高い経済状況となっています。

しかし、政治腐敗が進み、原油輸出によって得られた富が国民へ渡っておらず、生活水準があまり上がっていません。そのため需要が喚起されず、輸出額が多いにもかかわらず、

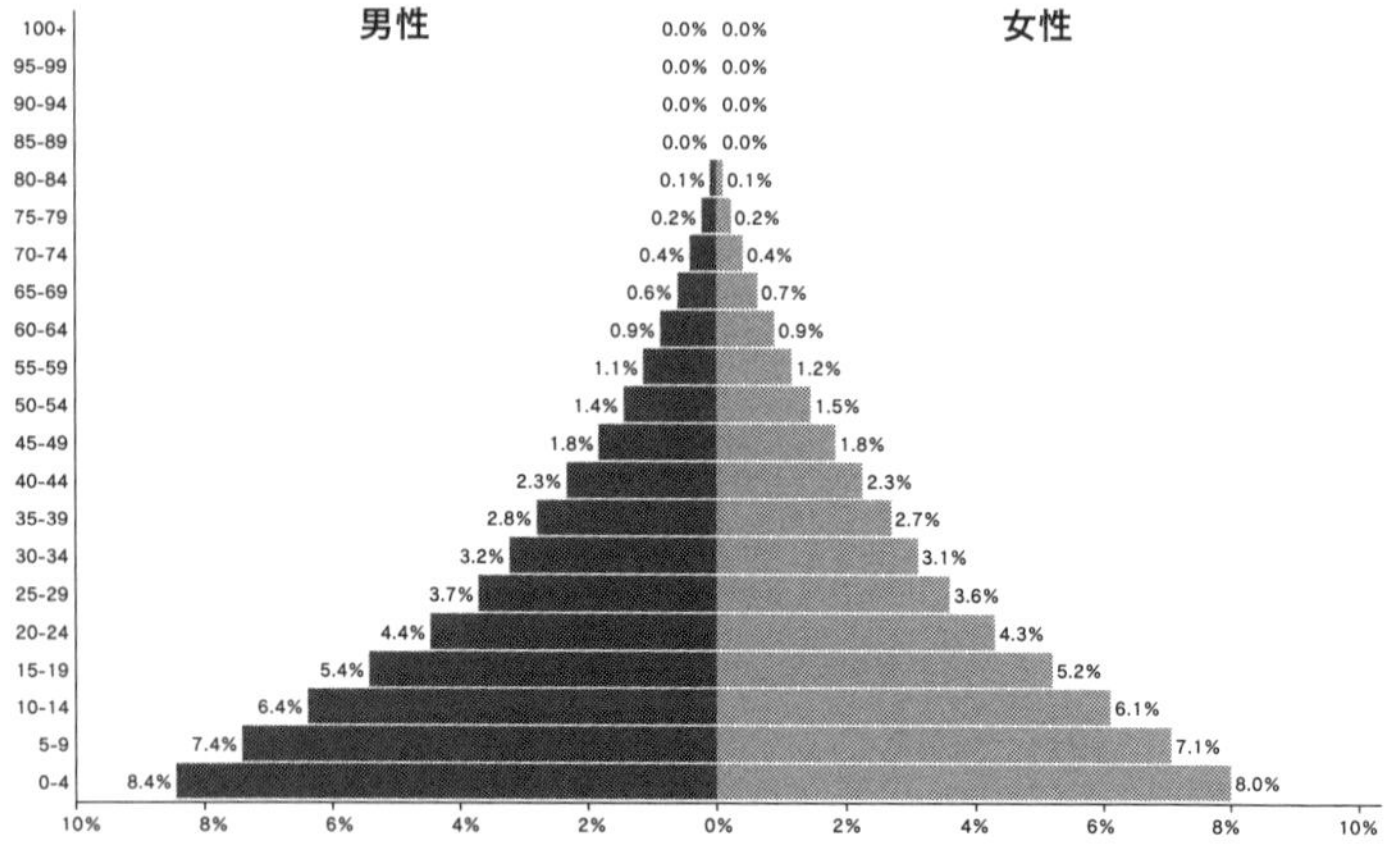


**ナイジェリアの人口ピラミッド**（出典：国際連合）

輸入額がそれよりも圧倒的に少ない状況が続いていました。

ナイジェリアの人口ピラミッドは今もなお、富士山型です。そのため、これからも人口増加が続くと考えられています。ＯＰＥＣにも加盟しており、原油を背景に経済成長が期待されている国の一つでもあります。

２００とも３００ともいわれる民族の安定が高い水準で実現され、政治から腐敗が減っていけば、ナイジェリアの未来は明るいといえるのかもしれません。英語が公用語でもありますし、ＩＴ産業の発展も見込めます。

# 緊張をはらんだコソボ独立問題

2022年8月、日本から遠く離れたヨーロッパのバルカン半島にて、にわかにセルビア共和国とコソボ共和国の間で緊張が走りました。

事の発端は同年7月31日のこと、セルビア政府発行のナンバープレートを持つセルビア人は2か月以内にコソボのナンバープレートに変更しなければならないと決まったことがきっかけでした。これにより、セルビア人が道路を封鎖し、武装集団が警官に発砲するなどの暴動が発生しました。

大陸とはグリーンランドより大きいもの、一方の島嶼《とうしょ》はオーストラリア大陸より小さいものをそれぞれ指します。日本が領有している領土はすべてが島嶼であるため、陸地で接する他国を持ちません。つまり、異なる民族が日常的に日本と他国を陸路で往き来することがありません。

こうした環境下で暮らしている日本人からすれば、「セルビア人」との表記をみると、「セルビア共和国で生活する住民」と「国籍」を基準に捉えがちです。

しかし、ヨーロッパなどの他国と陸続きとなっている国同士では陸路での往来が日常茶飯事であり、「A国で生活するB人」なんて例はいくつもあります。ここでいう「B人」とは、**「B国籍を持った人」ではなく「B語話者」という民族で捉えることがほとんど**です。

つまり、冒頭に記した状況を詳細にすると、「セルビア政府発行のナンバープレートを持つ、コソボ国籍を持つセルビア語話者は2か月以内にコソボのナンバープレートに変更しなければならない」ということです。

ここに対立軸が存在することがみてとれます。

## ユーゴスラビアの建国と解体

1943年、それまで存在していたユーゴスラビア王国に代わって、ユーゴスラビア民主連邦が建国されました。これは、ユーゴスラビア王国が日独伊三国軍事同盟に加入する意思を阻止するための軍部によるクーデターが発端でした。つまり枢軸国（=日本、ドイツ、イタリア）への抵抗運動でした。

1945年には正式にユーゴスラビア連邦人民共和国として国家となり、1963年にはユーゴスラビア社会主義連邦共和国に改称します。かつて、我々が一般に「ユーゴスラ

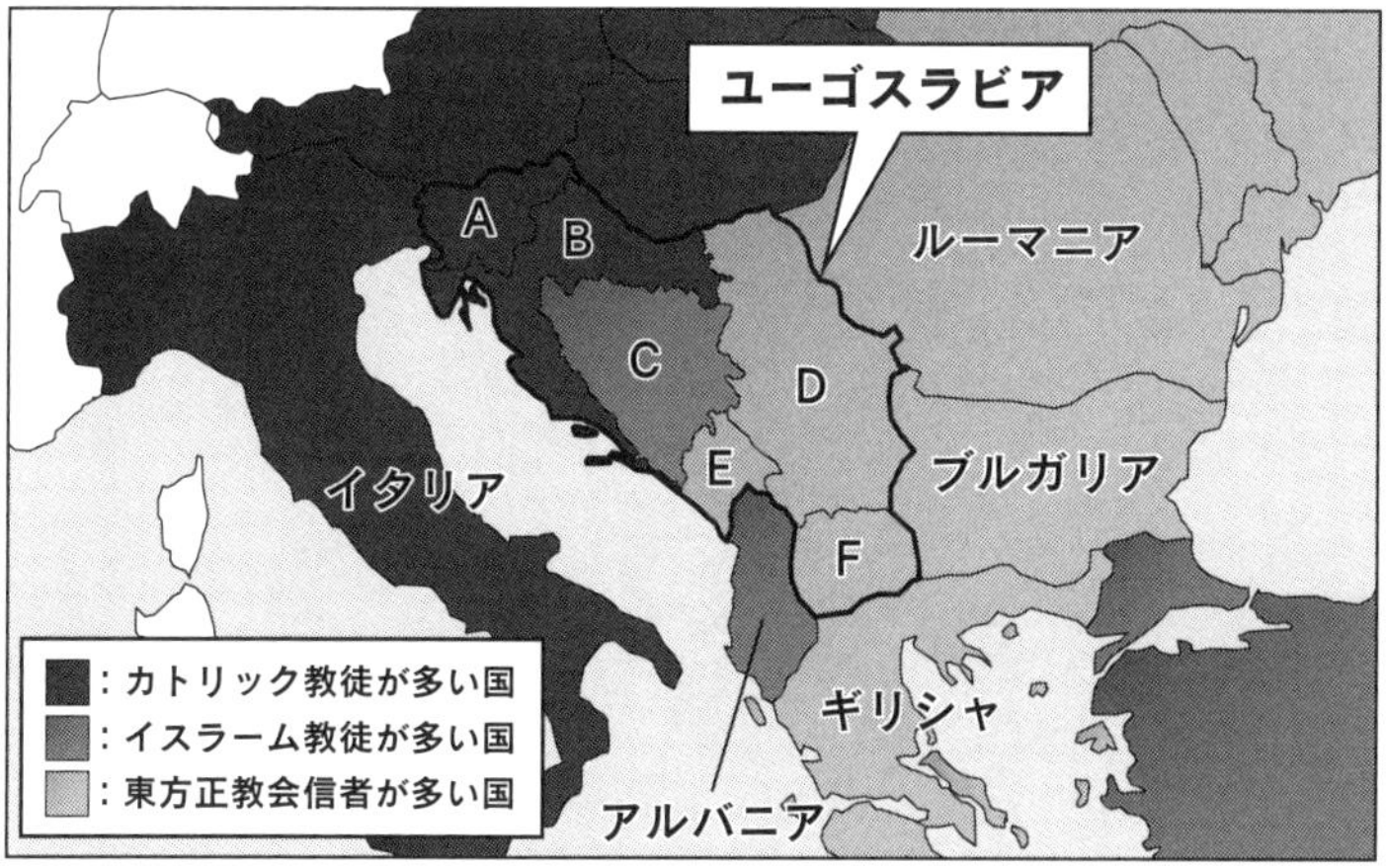


**かつてのユーゴスラビア（黒囲みされた地域）**

ビア」と呼んでいた国家です。首都はベオグラード（現在のセルビアの首都）に置いていました。

上図に照らし合わせると、ユーゴスラビアは、A＝スロベニア社会主義共和国、B＝クロアチア社会主義共和国、C＝ボスニア・ヘルツェゴビナ社会主義共和国、D＝セルビア社会主義共和国、E＝モンテネグロ社会主義共和国、F＝マケドニア社会主義共和国の6つからなる連邦国家でした。国名を見てもわかる通り、社会主義を国是としていた国でした。

社会主義国家ではありましたが、ユーゴスラビアは冷戦下において中立を掲げ、一般に「独自の社会主義」を維持していました。つまりソビエト連邦の影響力を排除するだけでなく、西側陣営にも与しないことで、その存在感を示していました。

しかし、連邦を構成する各国で言語が異なりました。スロベニア語、セルビア語、クロアチア語、マケドニア語などが公用語となっており、シンガポールにおける英語のような、国内で不自由なく意思の疎通が図れる共通言語はありませんでした。

信仰される宗教に関してもバラバラで、主にカトリック（スロベニア人、クロアチア人）、東方正教会（セルビア人、モンテネグロ人、マケドニア人）、イスラーム（ボシュニャック人、アルバニア人）の3つが信仰されていました。

こうしたユーゴスラビアが一つにまとまっていたのもすべて、**ヨシップ・ブロズ・ティトー**という一人の政治家の存在無くしてはありえませんでした。

ティトーは第二次世界大戦中に枢軸国への抵抗運動を指揮した総司令官であり、ユーゴスラビア建国後は、類い希な指導力を発揮しユーゴスラビアの外交、そして経済成長に尽力しました。実際、社会主義国家でありながら、1984年にはサラエボにて冬季オリンピックを開催したほどです。これは社会主義国家の中では1980年のモスクワオリンピックに次ぐものでした。

1980年、ティトーは87歳で病没します。ティトーの指導力と、各連邦構成国に配慮した政策こそが、ユーゴスラビア国内での民族主義の台頭が抑制されていた要因といえます。しかしティトーの死後、インフレと失業率の上昇で経済が停滞し始めると、民族主義が台頭していきます。

**強力なリーダーシップを発揮する指導者がいなくなることで、組織が瓦解する事例は歴史上、数多く存在します。**

ユーゴスラビアにおいても同様で、ティトーの死去による経済の停滞は民族主義の台頭を許してしまいます。そして1980年代末からの東欧革命、1989年のマルタ会談による冷戦終結、1991年のソビエト崩壊と続き、ついに「むき出しの導火線」に火が点きます。

1991年6月のクロアチア独立戦争を皮切りにユーゴスラビア紛争が勃発します。6月のスロベニア独立戦争、1992年4月のボスニア紛争、1998年のコソボ紛争、2001年のマケドニア紛争と次々に民族衝突が発生しました。この間、スロベニア、クロアチア、ボスニア・ヘルツェゴビナ、マケドニアが独立し、残ったセルビアとモンテネグロは、ユーゴスラビア連邦共和国となり、2003年よりセルビア・モンテネグロと国名を改めます。しかし、これも2006年にモンテネグロの独立によって解体され、これにてユーゴスラビアを構成していた国がすべて独立国家となりました。

セルビア共和国（黒囲みの地域）とコソボ共和国

そしてセルビアは、「セルビア・モンテネグロの継承国家」であることを宣言しました。

## コソボの独立

現在のコソボ共和国に該当する場所は、アルバニア人が多く居住する地域であったことから、旧ユーゴスラビア時代にはセルビア領内のコソボ・メトヒヤ自治州として存在していました。さらに1974年になると旧ユーゴスラビアの憲法改正によってコソボ社会主義自治州へと昇格すると、大幅な自治権を獲得し、旧ユーゴスラビア構成国と同等の地位に置かれます。

そうなると、「他の構成国と同等の自治権を持つのに、なぜ名称は『自治州』のままなんだ、このヤロー！」という声が大きくなり、ティトーの死後、アルバニア人による「コソボ独立」を求める抗議デモが発生するにいたります。

しかし1989年、スロボダン・ミロシェヴィッチ（1941〜2006）が旧ユーゴスラビア時代のセルビア大統領に就任すると、セルビア民族主義を強引におしすすめ、コソボの自治権を剥奪し、コソボ社会主義自治州をかつてのコソボ・メトヒヤ自治州として、セルビア領内の自治州へと降格させます。

さらに一連のユーゴスラビア紛争によって発生したセルビア人難民の保護地としてコソボを活用し、セルビア人のコソボへの流入を促していきます。

これは、中国がこれまでやってきた政策と同じです。省や自治区に漢民族を多く住まわせることで漢民族以外の住民割合を減らし、漢民族に有利な政策を進めようという手段です。

このことを考えれば、2021年11月、東京都武蔵野市にて松下玲子市長自ら、外国人参政権を認める住民投票条例案を提出したことがいかに問題であるかが理解できます。外国人が大挙して押し寄せてしまうと、もはや外国人に有利な政策が進められる可能性があるということです。議会で賛成に回ったのが、立憲民主ネット、日本共産党武蔵野市議団というから、さもありなんといったところです。結局、条例案は反対多数で否決されました。

それはさておき、セルビア政府はコソボにおけるセルビア人の割合を増やし、コソボ人、つまりアルバニア人の民族主義の台頭を抑え込もうとしたと考えられます。しかし力で抑え込めば、さらなる反発を招くのは必然であって、セルビア政府とアルバニア人との対立が激しくなっていきます。

1999年になると、ここで国際世論に後押しされたNATO（北大西洋条約機構）が登場し、空爆を続けたことでセルビア政府はコソボからの撤退を余儀なくされていきます。これは、コソボはセルビア領内の一つではありましたが、セルビア政府の実効支配から脱却したことを意味しました。

結局、このコソボが置かれた曖昧な状況が、後の「コソボ暴動」の遠因となっていきます。

ちなみにこの時の「コソボ空爆」により、NATOは在ベオグラード中国大使館を誤爆しており、NATOが中国へ謝罪するという出来事がありました。これに対して中国国内で反米感情が高まり、北京市内のマクドナルドが襲撃されるという事件が発生しています。

国連安保理決議1244により、国連コソボ暫定行政ミッション（UNMIK）が設置され、セルビア軍は撤退、代わってNATOを主体としたコソボ治安維持部隊が駐留することとなります。

しかし、コソボ人、つまりアルバニア人によるセルビア人への報復が続き、セルビア正教会の聖堂が破壊されるなどが相次ぎました。一方、セルビア人が数多く居住するコソボ北部においては、セルビア人によるアルバニア人迫害が相次ぎました。

## コソボの独立を認めないロシアの屁理屈

2004年3月、セルビア人青年が何者かに襲撃されたことに端を発し、コソボでセルビア人とアルバニア人の衝突が発生してしまいます。コソボ暴動です。コソボにおいては、アルバニア人が多数派であり、今回のコソボにおける暴動（セルビア人に対するアルバニア人の暴力）は「ジェノサイド」であると、セルビア人側が表現していました。

このコソボ暴動により、セルビア領内の自治州なのか、独立国なのか、曖昧な状況を明確にさせようという必要性が共有されていきます。「高度な自治」を提示したセルビア政府に対し、アルバニア人はあくまで「独立」を譲らなかったため、話し合いは平行線を辿りました。

そして2008年2月、コソボ議会が独立宣言を採択し、独立国家となります。もちろん、セルビア政府はコソボの独立宣言無効を表明し、交渉の継続を主張しました。アメリカ合衆国のように、コソボ独立を認めることが地域の安定化に繋がると考えた国もありましたが、セルビア政府は、あくまで国連安保理決議案1244に基づき国連暫定統治を継続すべきであると主張しました。

いくら地域の安定化がもたらされる期待があるとはいえ、こうした国際法上に疑義がある独立宣言を認めてしまうと、各国が自国で抱える少数民族による独立運動が激化する恐れがあります。そのため、コソボの独立を認めていない国として、セルビアはもちろんのこと、ロシアや中国、ジョージア、スペイン、インド、キプロスなどがあります。

スペインがカタルーニャ自治州の独立問題を抱えていることは、前に解説したとおりであり、**ロシアや中国も自国に抱える独立問題は「むき出しの導火線」**といえます。

また、当時ウクライナ領であったクリミア半島をロシアに併合するさいも、「コソボが独立するって言ってんだから、クリミア半島がロシアに入りたいっていうのも聞く耳を持つべきだろう！」と嘯いたわけです。

一方でコソボの独立には反対を表明しているわけですから、ロシアの狡猾さが見てとれます。ウクライナ侵略しかり、もはやロシアは「ソビエトへの先祖返り」を目指しているのではないかとすら思うほどです。

領土を拡大すればするほど、他民族を自国に抱えることとなるわけで、結局は「むき出しの導火線」を自ら国内に作り出していることとなるわけです。そういう意味で、日本には少数民族による独立問題は存在しないため、コソボの独立には賛成の意を表明しています。

また隣国ボスニア・ヘルツェゴビナ領内の一つ、スルプスカ共和国は、「コソボが独立するならば我々も独立する！」と表明しています。このスルプスカ共和国はセルビア人が数多く生活する地域であり、「スルプスカ」とは「セルビア人」を意味する言葉であるため、「セルビア人共和国」といえます。

一方、コソボ独立を認める国は「国連安保理決議1244には、コソボの独立を認める条文はないが、コソボの独立を禁止する条文もない」との立場を採っています。アルバニア人の「ごね得」によって紛争が長引くのはうんざりだから、屁理屈によって沈静化させようという意図が見え隠れします。「世の中、ごねたもん勝ち！」といった場面は、日常生活でよく見聞きします。

こうなると、旧ユーゴスラビアに散在するアルバニア人が台頭してくる恐れがあり、アルバニア人が主張する「本来のあるべきアルバニアの領土」の統一に向けて進展するのではないかと懸念されています。

## 着地点はまだまだ見えない

結局、コソボ政府が新しいナンバープレートへの変更を延期したこともあり、緊張は緩和されました。そして、EUが、「おめぇら、EUに加盟したければ仲良くしないと、入れてやんねぇぞ！」と警告しています。

そして2022年12月15日、コソボは正式にEUへの加盟申請を行いました。これはボスニア・ヘルツェゴビナが「EU加盟候補国」としての地位を与えられたことに続くものでした。1992年のボスニア紛争から30年、ボスニア・ヘルツェゴビナの新たなる国家像が模索されます。ボスニア・ヘルツェゴビナといえば、先述のスルプスカ共和国（セルビア人）とボスニア・ヘルツェゴビナ連邦（ボシュニャク人とクロアチア人が主体）からなる連邦国家です。いつ分裂の危機が訪れるかわからない状況だからこそ、EUへの加盟を果たして国家を強固なものにしようという意図が見え隠れします。

コソボとボスニア・ヘルツェゴビナ以外で加盟候補国となっているのは、トルコ、モンテネグロ、セルビア、北マケドニア、アルバニア、モルドバ、ウクライナが知られています。

次の図を見る限り、すでにEU加盟を果たしたスロベニア（2004年加盟）とクロア

| 順位 | 国名 | 2020年 |
| --- | --- | --- |
| 44 | スロベニア | 25,582 |
| 70 | クロアチア | 13,910 |
| 93 | モンテネグロ | 7,652 |
| 95 | セルビア | 7,420 |
| 109 | ボスニア・ヘルツェゴビナ | 6,032 |
| 111 | 北マケドニア | 5,614 |
| 120 | コソボ | 4,467 |

**旧ユーゴスラビア諸国の一人あたり名目GNI**（出典：国際連合）［単位：US＄］

チア（2013年加盟）は旧ユーゴスラビア諸国の中では比較的経済水準が高い国であることが分かります。EU加盟を拡大すればするほど、賃金水準の低い国を抱えることとなり、これは工業製品の製造拠点の移転が促されることとなります。

誘致する側は良いとしても、工場移転によって「産業の空洞化」が発生することを望む加盟国はないでしょう。だからこそ、EU加盟国はある程度の経済水準を有する必要があるわけです。

もはや「キリスト教倶楽部」となったEUにおいて、イスラーム教徒が多いトルコが加盟できるかといえば、なかなか難しい面があります。そしてコソボに多いアルバニア人もまたイスラーム教徒であり、そもそもスペインやルーマニア、スロバキア、ギリシャ、キプロスなどがコソボの独立を認めていないことを考えれば、コソボのEU加盟が果たされるかは、なかなか難しいといえます。ボスニア・ヘルツェゴビナが「加盟候補国」となったからといって、「はい、次はコソボね！」とはならないでしょう。

しかし、「セルビアのEU加盟を認めてやっからさ、引き換えにコソボの独立を認めてやれよ、なっ？」とEU側が接触すれば、アルバニア人に対するセルビア人の迫害は拍車がかかる可能性があり、またセルビアを支持する（＝コソボの独立を認めない）ロシアによるウクライナ侵略もまた、セルビア人の鼻息を荒くさせていると言っても過言ではないでしょう。

もちろん、コソボの独立を認めてしまえば、セルビア北部に位置するヴォイヴォディナ自治州が独立を目指す可能性があります。同自治州はハンガリー系住民が多くカトリックを信仰していることもあり、セルビア人とは文化がまるで異なります。

また、ロシアがウクライナ東部二州の独立を正当化するためにコソボ問題を持ち出したことについて、セルビア政府は不満を表明していて、「EUには加盟したい、でもロシアの後ろ盾も欲しい」と微妙な立場となっています。実際に、セルビアはロシアへの経済制裁には参加していないといいます。

小さな空間スケールにおいては「ナンバープレート問題」が強調されましたが、**もっと広い空間スケールでみれば民族問題が横たわっており、また違う国との関連性も考慮しなければならず、問題は複雑化していきます。**

こうした世界情勢の複雑化は、1989年の冷戦終結、1991年のソビエト崩壊によって加速しています。さらに21世紀になれば、BRICSと呼ばれる国々、特に中国とインドの台頭によってさらなる問題が顕在化してきました。

これらを理解するためには、やはり一次情報にあたり、事実を積み重ねて分析するしかないのだと思います。元々こうした手法によって、普遍性と地域性をあぶり出していくのが地理学であり、改めて地理学というものの重要性を再確認したように思えます。

Column

# 人々が「独立」を目指す理由

「独立」。

この言葉から連想されるものは様々ですが、多くの人は「雇用関係にある会社から独立する」という文脈を思い浮かべるのではないでしょうか。

会社に所属していれば、会社の看板で仕事ができますし、また上から与えられた仕事をこなすことで日々の生活の糧となるものをいただくことができます。

しかし、どの組織にも所属していない、独立した状態であれば、自分の名前が看板になり、そして自分で営業をし、自分で仕事を取ってこなければなりません。もちろん、仕事をする自由もあれば、仕事をしない自由もあるわけで、自分をコントロールできる究極の状態といえます。しかし、人間たるもの自分を律することがいかに難しいかを知っています。美味しい物には目がくらみ、感情が不安定になると酒をかっ喰らうわけです。

独立するということは、自分に対しても、そして他人に対しても責任をともないます。

「独立国家」という言葉があるように、国家もまた独立しています。

独立国家の定義は様々ですが、一般に「恒久的な人口を有すること」「一定の領域を有すること」「国家意思最終決定権をもつ政府が存在すること」などが挙げられます。
「真の独立国家とは⁉」という問いを投げかけたいわけではありません。しかし、独立国家というからには、やはり「国家の平和と人々の笑顔を守る」という、まるでスーパー戦隊のような存在こそが独立国家であってほしいと個人的には思います。つまり、勤勉な国民が集まり、国家の最終意思を決定する仕組みが存在していること、それが国民の経済的な自立を支えていること、「降りかかる火の粉」を払いのけるだけの「力」を持っていることなどです。

現在の日本がどのような状況なのかは、みなさまもよくご存じのことと思いますが、私が思うに、「隣にある大きな家の人が、『あなたの家にドロボーが入ったら助けてあげます』と約束している状態」です。しかし、きっと大きな家の人は思います。「戸締まりくらい、自分たちでしたらいいのにね。でも約束しちゃってるしね」って。これが本当に独立国家といえるのか、甚だ疑問です。

お互いが依存しあっていれば、まだ均衡が取れるのかもしれませんが、一方的に依存しているのであれば、それは高い対価を用意しなければなりません。つまり、自分で自分を律することが難しくなっていくわけです。その行為自体は、実に難しいことなのですが、自由を享受することができないわけです。

アメリカ独立戦争やギリシャ独立戦争、オランダ独立戦争、ジオン独立戦争（？）など、これまでの歴史の中で「独立戦争」と名の付いた戦争が数多くありました。もちろん、他国の支配下から脱却して、「自分たちのケツは自分で拭くんだ！」とばかりに鼻息荒く、明日に夢を見ます。

しかし、独立とは実に尊くて、実に難しいことです。

私は今でこそ「代々木ゼミナール地理講師」の看板を背負わせていただいていることもあるからこそ、こうして書籍の執筆機会をいただけているのだと自覚しています。しかし、まだまだ「宮路秀作」という、自分の名前を看板にして執筆依頼を数多くいただけるかといえば未知数です。一応、本書の発売時点で、拙著『経済は地理から学べ！』（ダイヤモンド社）の発行部数が６万４５００部を数えていますので、ベストセラー作家ではありますが……（おい、黙れ宮路！）。

講師業と執筆業、他人からみれば二足のわらじを履いているように見えるかもしれませんが、私の中で『喋る』と『書く』は自動車の両輪のようなもの」と認識しています。書くために事前の下調べにかなりの時間をかけていますし、その時に仕入れた内容を授業に取り入れて発信すると、それが自分の中に定着するわけですから、こんなに効率良く空間認識を高めることができる方法が他にあるだろうかと思うほどです。

また「書く」というのは、「書き上げる」という作業なので、じっくりと腰を据えて作ることができます。一方で「話す」というのは、いったん放たれた言葉は修正が効きませんので、瞬発力がものをいうと思っています。場の空気を読み、場の空気を動かすために最適な言葉を瞬時に考え喋らなければなりません。そして、その言葉の蓄積は、日頃から「書く」ことでなされるのだと思います。だからこそ、「講師業」と「執筆業」が自動車の両輪のようなものであると思うわけです。まるで「地理と歴史は自動車の両輪のようなもの」といったことと似ていますね。

話がだいぶそれてしまいましたが、独立とは自分で飯の種を見つけ、それを育てていくことです。それは苦労の連続ではありますが、それでも独立して自由を勝ち取ることの素晴らしさを理解しているからこそ、これまで数多くの独立戦争が繰り広げられてきたと思います。それは歴史上のことだけではなく、これからの世界においても起こりうることです。自由を手に入れることは、苦労の始まりでもありますし、責任をともなうことでもあります。しかしそれでも手にしたい自由とは何なのか、我々はそのことについて日々考えていく必要があるのではないでしょうか。

# 第4章

# 地理学的視点で見た「内戦」と「民族紛争」

## スーダン内戦勃発！独裁者の追放から主導権争いへ

2023年4月、突如としてアフリカのスーダンにて内戦が勃発しました。

内戦を引き起こしたのは、スーダン国防軍とスーダン国営民兵組織「ラピッド・サポート・フォース（RSF）」です。前者を率いるのはアブデル・ファタハ・アル・ブルハン中将、後者を率いるのはモハメド・ハムダン・ダガロ中将です。

RSFはハルツーム国際空港と大統領府を掌握したと発表したようですが、スーダン国防軍はこれを即座に否定し、RSFを反乱軍と認定しました。またハルツーム国際空港は軍民共用空港であるため、ここを掌握するということは、民間旅客機の離発着も不可能となってしまいます。実際に、サウジアラビアの国営航空会社サウディアの発表によると、離陸準備中の航空機が銃撃を受けて損傷した（乗員乗客は全員無事）とのことでした。もちろん、多くの航空会社がハルツーム国際空港を含めて、スーダンの離発着を停止しました。

軍民共用空港であるからこそ、諸外国政府のスーダンでの自国民の救出活動は困難を極めました。

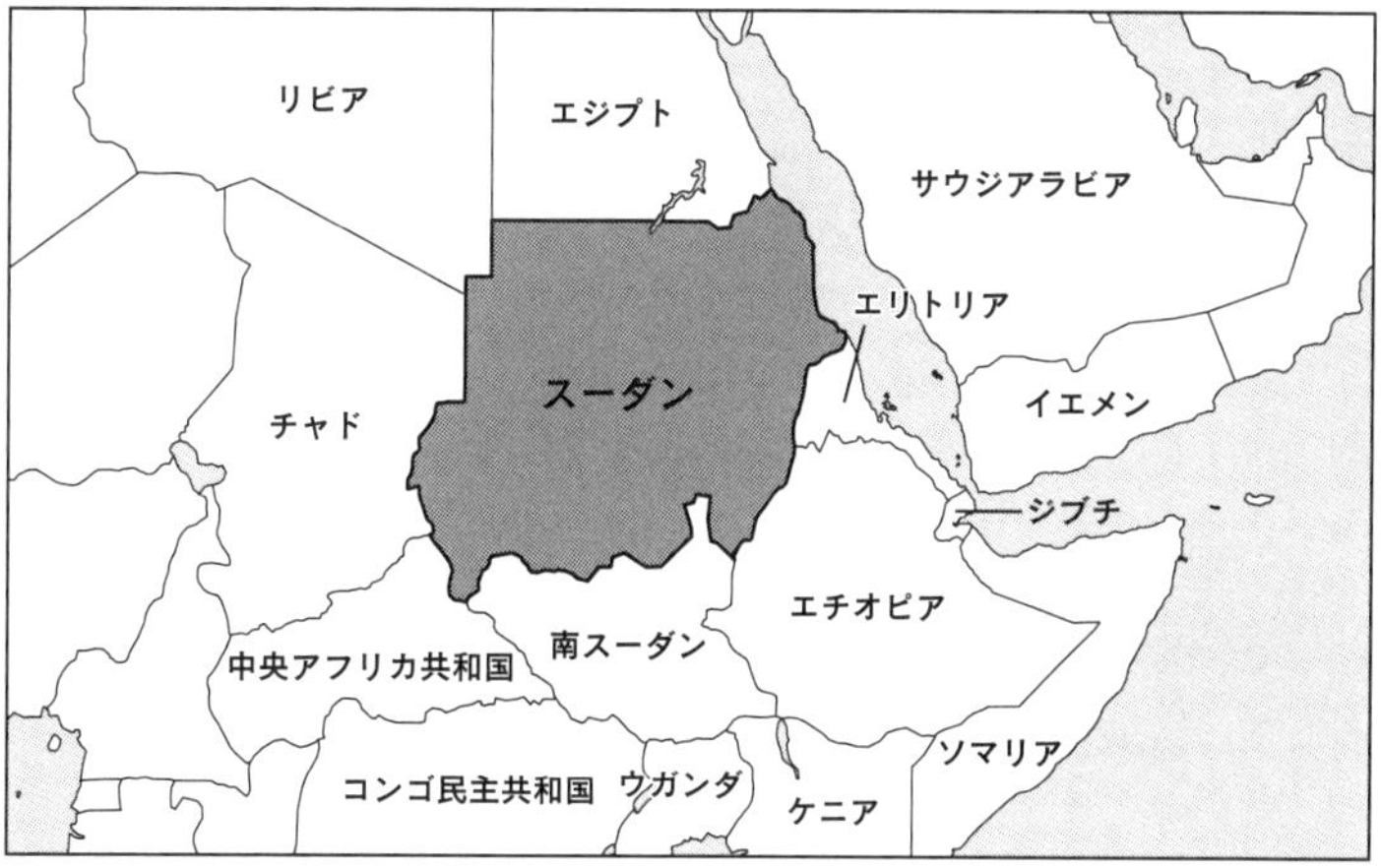


**スーダンの地理的位置**

## 独裁者の追放で手を取り合った両軍

時は2019年4月のこと、1993年10月から長い間大統領の座にあったオマル・アル・バシールがクーデターによって追放されました。この時、当時の国務大臣であったアフメド・アワッド・イブン・アウフは暫定軍事評議会を結成して文民政権への移行まで3年の期間を設け、最初の2年間は「軍が支配しますよ宣言」を出します。このアウフ国務大臣はダルフール地方における虐殺に関与したとの疑いをかけられていた人物でもありました。

そもそも、バシール大統領（当時）が26年もの間、独裁者として大統領の座に就いていた端緒は1989年のクーデターでした。バシールは元々スーダン国防軍に属する軍人でした。彼は1989年に「民族イスラーム戦線」と連携して軍事クーデターを起こし、政権を掌握しました。時の政権が軍事政権であり、軍部の圧政に耐えかねた軍人によるクーデターであったならまだしも、時の政権は民主的な選挙によって選ばれた政権でした。時の大統領、アーメッド・アル＝ミルガーニは1986年の国政選挙で選ばれた大統領であり、現在のところこの時の選挙がスーダンで行われた最後の自由選挙となっています。

この民主的に選ばれた政権を転覆させたのがバシールでした。バシールは「民族イスラーム戦線」とともにイスラーム主義を国是としていきます。1990年代に入ると、ベネズエラ人の国際テロリスト、イリイチ・ラミレス・サンチェス（コードネーム「カルロス」）やウサマ・ビンラディンをスーダン国内に招き、匿います。この時、ビンラディンが率いる「アルカイーダ」が「民族イスラーム戦線」と協力関係を築き、1993年にはアメリカ合衆国ニューヨークにある世界貿易センタービルの地下駐車場で爆破事件を起こしたとされます。これによりアメリカ合衆国がスーダンをテロ支援国家として認定しています。みなさまもご存じのように、世界貿易センタービルは2001年9月の「9・11同時多発テロ事件」で標的の一つとなって、崩壊しました。そして長らく続く、アフガニスタン紛争へと発展していきます。

スーダンでは2003年になると、西部のダルフール地方にて紛争が勃発しました。これが現在まで継続中のダルフール紛争です。スーダンは1956年にイギリスから独立するのですが、先述のアーメッド・アル＝ミルガーニ政権以外は常に軍事政権であり、国内のアラブ化を強力に進めてきました。[*1]

スーダン西部のダルフール地方には、非アラブ系住民が数多く生活しているため、しばしば政府との対立が生じていました。また、ダルフール地方には多くのレアメタルが眠っているとの指摘もあり、さらにはサハラ砂漠において水資源に乏しい地域であるため水利権を巡る対立は常に「むき出しの導火線」となっていました。まさしく、「土地と資源の奪い合い」です。

ダルフール地方での反政府組織による反乱を鎮めるため、非アラブ系住民に対する民族浄化を計画します。この時、バシール大統領（当時）がダガロ中将を起用して結成した民兵組織が「ジャンジャウィード」です。そして、ジャンジャウィードから生まれた組織がRSFです。

＊1 【5分くらいでわかる地理】スーダンと南スーダン「二度のスーダン内戦、今もなお続くダルフール紛争を徹底解説！」#037【アフリカ】
https://www.youtube.com/watch?v=WLG37_1EMHc

2003年当時、スーダンにおいては第二次スーダン内戦（1983〜2005年）の最中であり、これはアラブ系住民が支配するスーダン政府と、スーダン南部の非アラブ系住民による内戦です。この時、南部で設立されたスーダン人民解放軍を支援したのがソビエト連邦とエチオピアです。長い内戦の末、2011年にスーダン南部が南スーダンとして独立し、その過程において石油利権を手に入れました。現在、原油の埋蔵量を見ると、スーダン（1500百万バレル）よりも南スーダン（3500百万バレル）の方が多いことからもそれがわかります（2020年、EI）。

そして、スーダンの原油輸出の「得意先」が中国でした。つまり、中国に原油を売って得た資金で軍備を整え、第二次スーダン内戦だけでなく、ダルフール紛争を戦っていたといえます。このことから「中国がオリンピックを開催する資格などない！」と抗議の声をあげたのが映画監督のスティーヴン・スピルバーグでした。この時のスピルバーグの抗議を、どれだけの日本人が覚えていることでしょうか。

## 疲弊するスーダン経済と大規模デモ、独裁の終焉

こうして世界中から非難を浴び、挙げ句の果てには主たる原油の埋蔵地が独立します。さ

らには2017年、トランプ米国大統領（当時）はスーダンへの経済制裁を解除するもテロ支援国家リストへの掲載を続け、スーダン経済は疲弊していきます。

バシールは経済制裁の緩和の条件として、2017年末には、世界各地に存在するイスラーム主義を掲げる組織に関する情報を提供し、そしてイランとの同盟を破棄してサウジアラビアを支援するようになりました。まさしく、イランと対立するアメリカ合衆国に接近するための措置と考えられるわけであり、「敵の敵は味方」の構図が見てとれます。ましてや、当時の米国大統領が「イラン大嫌い！」のトランプだったことを考えればなおさらのことです。

2018年12月19日、政府がパンの価格を3倍に引き上げると発表すると、全国規模のデモへと発展します。チュニジアに端を発する「アラブの春」を振り返ると、長期政権を築いていた独裁者を退け、民主的国家へと生まれ変わることを期待して、アメリカ合衆国は一連の革命を支援していましたが、結局は上手くいきませんでした。そのため、アメリカ合衆国のスーダンへの介入は反応が鈍かったといえます。[*2]

＊2 【5分くらいでわかる地理】ジャスミン革命とアラブの春「2010年、チュニジアの青年はなぜ焼身自殺をしたのか!? ジャスミン革命とそれに端を発するアラブの春について徹底解説！」【アフリカ】
https://www.youtube.com/watch?v=pu2plz3Cj_U

アメリカ合衆国が大規模な介入をしなかったからなのか、長らくスーダンと中国が友好関係にあったからなのか、ロシアもまたスーダンへ様々な軍事支援をしていたとされます。その一つが、**ロシアの民間軍事会社ワグネル**が抗議デモの鎮圧に加わったことです。

ロシアのウクライナ侵略に対する非難決議案に対して、過去6回すべて、スーダンは「棄権」を選択しています。そして2023年1月、ロシアの外務大臣セルゲイ・ラブロフがスーダンを訪問しています。スーダンにおけるロシアの鉱山開発の一環で設立された鉱山会社はワグネルとの合弁会社です。スーダンの地理的位置を考えれば、紅海に面してアフリカで採掘した鉱産資源の輸送拠点として活用したいとの思いがあるのでしょう。いわゆる「回廊」の構築です。

チュニジアで発生した「ジャスミン革命」は、小麦価格の高騰が遠因とされています。ロシアが国内供給を優先させて輸出規制を行ったことで供給量が減少して小麦価格が高騰しました。それに対する民衆の怒りが「ジャスミン革命」へと発展しました。

スーダンにおいても、「パンの価格高騰」を引き金にデモが発生した構図は、「ジャスミン革命」に端を発する「アラブの春」と同じです。

「パンの価格高騰」に反対する大規模なデモは、早い段階で反政府運動へと発展し、バシールはスーダン国防軍によって身柄を拘束され、長きにわたって続いたバシール政権は終焉を迎えました。

そして、この「独裁者の追放劇」の指導者がブルハン中将率いるスーダン国防軍であり、ダガロ中将率いるRSFでした。

そして、2021年、バシール追放によって権力の座に就いた者たちによる主導権争いが生じてクーデターが発生するのです。

## スーダンの「地理的位置」が引き起こす混乱

これまで、スーダンで権力争いによる内戦が勃発した過程を解説しました。

スーダンでは、1993年から26年もの間、大統領の座にあったオマル・アル・バシール大統領がクーデターによって追放されました。しかし、**「同じことが続くことは異常なこと」**であるように、26年間の独裁政治がもたらした結果は、ただ国民を疲弊させただけであり、そして「諸外国に付け入る隙を与えるだけだった」ように思えます。

独裁政治を「開発独裁」と評価する向きがあるかもしれませんが、開発独裁とは違い、スーダンの場合は、「イスラーム主義の国家樹立」という大義名分の下に独裁が行われていました。それがアラブ系住民と非アラブ系住民との対立を生んだともいえます。これが反政府勢力と国防軍との争いに発展し、国防軍はジャンジャウィードと連携してスーダン西部のダルフール地方における「民族浄化」を進めました。これがダルフール紛争です。この時、国防軍と連携した民兵組織ジャンジャウィードからRSFが派生したことは先に述べた通りです。

## 2021年、スーダンでクーデター勃発

前項でふれたように2018年12月19日、スーダン政府がパンの価格を3倍に引き上げると発表したことから、国民によるデモが発生しました。これをきっかけに独裁者バシール大統領（当時）を追放したのが2019年のクーデターです。この「独裁者の追放劇」を指導したのがスーダン国防軍であり、RSFでした。前者を率いたのがアブデル・ファタハ・アル・ブルハン中将、後者を率いたのがモハメド・ハムダン・ダガロ中将です。

2019年クーデターの際、国防軍が創設した暫定軍事評議会（TMC：The Transitional Military Council）と政治連合である「自由と変革勢力（FFC：Force of Freedom and Change)」が新たな統治機構「主権評議会（TSC：The Transitional Sovereignty Counsel)」を設立しました。目指す方向性として、3年3か月間の共同統治の後、2022年に実施予定の国政選挙によって文民政権を誕生させるということが示されました。この時、TSCの議長にブルハン中将、首相にアブダッラー・ハムドゥークが就任しました。

ハムドゥーク首相の仕事ぶりは非常に評価が高く、特にダルフール紛争の終焉を目指して尽力しました。スーダンは、内戦と周辺諸国との関係悪化を問題として抱えており、これを改善するのは急務でした。2020年に、アメリカ合衆国がスーダンをテロ支援国家

のリストから除外することを決めたこと、同年にスーダンがイスラエルと国交正常化で合意したのもハムドゥーク首相の手腕といわれています。

しかし2021年頃から、議長であるブルハン中将とハムドゥーク首相との間に亀裂が生じてしまいます。スーダンは2019年よりスーダン憲法が停止されていることもあって、大統領という役職が存在せず、実質的にTSC議長が国家元首として扱われています。つまり、現在のスーダンの国家元首に相当するのはブルハン中将ということです。

そして、遂に2021年10月25日、スーダン国防軍はハムドゥーク首相の自宅を包囲して軟禁下に置きます。ブルハン中将はハムドゥーク首相に辞任を迫りますが、首相はこれを拒否します。これを受けて、ブルハンはTSCを解散し、2023年7月に選挙を行うと発表しました。つまり、「国家元首に相当する職に就く者が軍を率いて、現首相から政権を奪取する」というクーデターが勃発したわけです。

そして2021年10月から、選挙を行う予定の2023年7月までの間、軍部が責任を持って国家の舵取りを行うと表明したわけです。クーデターによる政権交代ですから、諸外国との対外関係は反故にされるかと思いきや、そこは引き続き関係を遵守するとも宣言していました。

ブルハン中将は新たな主権評議会を組織すると、自ら議長へと就任しました。しかし、国民からの反発の声は大きく、ブルハン中将はハムドゥーク首相を復職させますが、結局はブルハン中将に反発した閣僚12人が辞職。そこで、ハムドゥーク首相も責任を取って首相を辞任しました。

## 勃発した権力争い

2023年4月15日、スーダンにて二人の将軍の対立が戦火を交えるほどに発展しました。二人の将軍とは、もちろん、アブデル・ファタハ・アル・ブルハン中将とモハメド・ハムダン・ダガロ中将の二人です。つまりスーダン国防軍とRSFによる戦闘です。両者は、2019年のクーデターによって独裁者を追放するために手を組んだ間柄でした。

しかし、民政移管するはずだったスーダン政府は、ハムドゥーク首相を追放して新たな軍事政権を樹立してしまったわけで、国内だけでなく、特に国際連合やアメリカ合衆国などの国外からの「文民指導者への政権返還」の要求が高まっていました。

そして二人の将軍は、最終的に「スーダンを支配するのはどっちだ⁉」と争うようになっていきます。それぞれが権力を手中に収めることで得られる利益とは、いったい何なのでしょうか？

ブルハン中将は、スーダン陸軍士官学校を卒業した軍部のエリートです。一方のダガロ中将は、州名まではわかりませんがダルフール地方出身のようで、民兵組織「ジャンジャウィード」への参加が軍人としてのキャリアのスタートです。ジャンジャウィードに所属していたさいに、反政府勢力への民族浄化作戦を進めたのがダガロ中将でした。そして、ジャンジャウィードを再編して、国家が支援する私兵組織ＲＳＦを創設します。

勃発したスーダンでの内戦は、「軍部の権力争い」と見ることができると思います。しかし、現代世界は一か国の情勢だけで話が簡単に片付くわけではありません。スーダンと諸外国との関係性を見る必要があります。

スーダンのアフリカ大陸における地理的位置を見ると、紅海に面していることがわかります。これがいわゆる、**アフリカ大陸内陸部と紅海との「回廊」**になっていると考えると色々と見えてきます。

## スーダンとエジプト両国の共通の「敵」とは？

エジプトはスーダン国防軍を支援するために戦闘機を供与したとされています。実は、エジプトとスーダンは「敵の敵は味方」で連携している節があります。

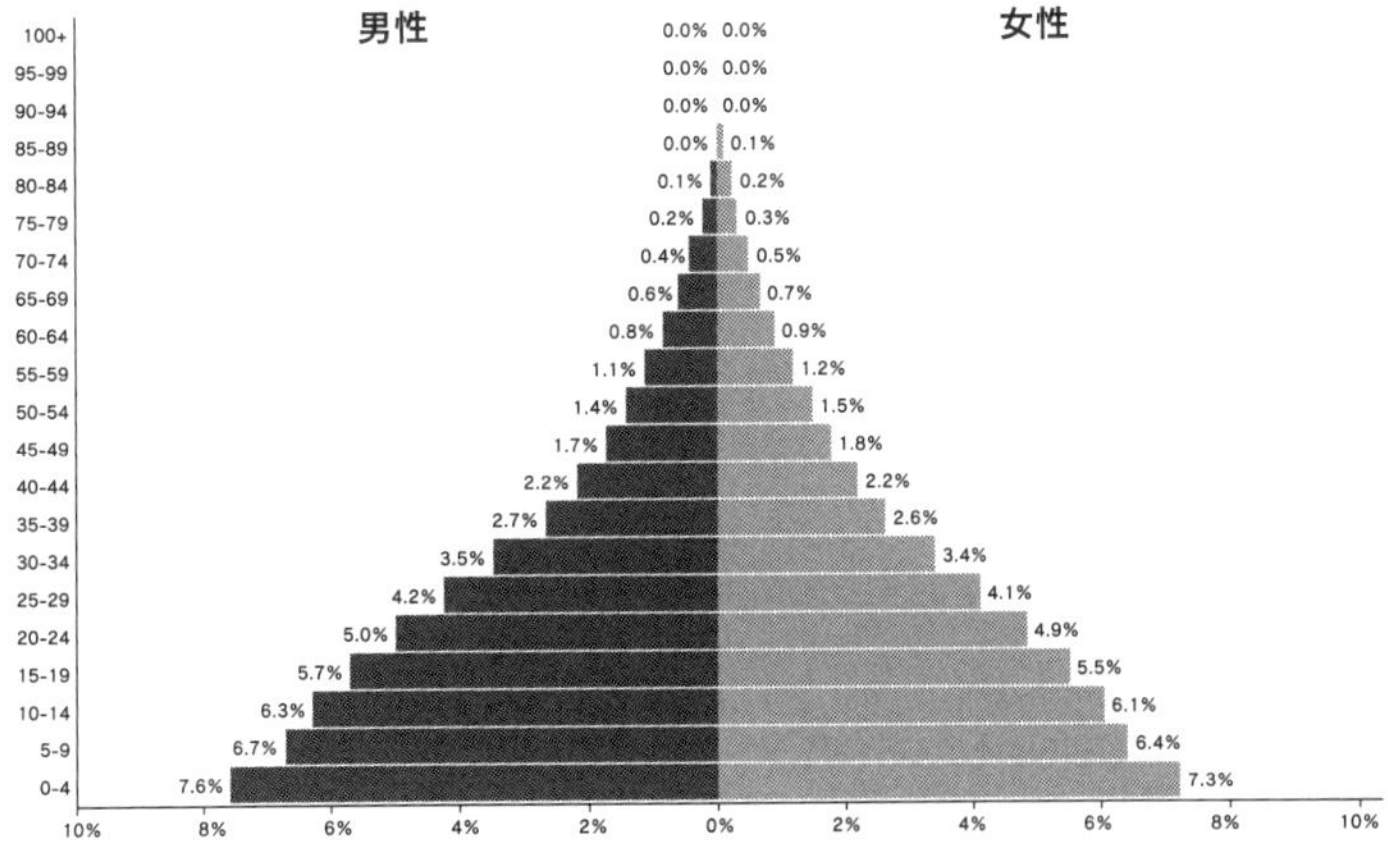


**エチオピアの人口ピラミッド**（出典：国際連合）

共通の「敵」とは誰か？

その答えは**エチオピア**です。ナイル川はヴィクトリア湖から流れる白ナイル川と、エチオピアのタナ湖から流れる青ナイル川が、スーダンの首都ハルツーム付近で合流します。そして、エジプトを流れて地中海へと注いでいます。そして、この青ナイル川に建設されたのが「大エチオピア再生ダム（GERD：Grand Ethiopian Renaissance Dam）」です。

エチオピアは人口の70％以上が30歳未満で構成されているほど年齢構成が若く、今後も人口増加が続くとされています。2032年には1・5億人、2049年には人口が2億人をそれぞれ超えるだろうと考えられています。たしかに、エチオピアの人口ピラミッドを見ると、完全なる「富士山型」となっていて、低年齢層の割合が大きく、高齢化とは無縁な国といえます。

そのため、電力需要の拡大は避けて通れないため、これを水力発電で賄おうと建設されたのが、GERDというわけです。エチオピアは1993年に北部地域がエリトリアとして独立したため、それ以来内陸国となっています。海に面していれば、海水を脱塩処理した淡水化水の利用も可能でしょうが、それは望めません。このような状況から、エチオピアのGERDへの期待度が大きいことはいうまでもありません。

## 水資源を巡る思惑

ダム建設の目的は、一般に**「洪水防止」「灌漑用水の確保」**です。そのため、エジプトのアスワンハイダムがそうであったように、GERDもまたエチオピアにとってこれらの目的を達成できると説くわけです。

しかし、GERDの下流に位置しているスーダンやエジプトは、これを手放しで喜べるわけではありません。エジプトは2020年に人口が1億人を超え、2050年には1億5000万人にまで増えるとされています。やはり大河川あってこそのエジプトです。

ティグリス川・ユーフラテス川がメソポタミア文明、インダス川がインダス文明、そしてナイル川がエジプト文明をそれぞれ形成したように、現在のような土木技術や建築技術がなかった時代には、大河川の近くでこそ文明が発達しました。その証拠に、エジプトの西隣のリビアはエジプトよりも国土が大きい反面、人口は700万人足らずしかいません。大河川が存在しなければ農業ができず、人口は増えていかないのです。

エジプトは、GERDの建設は将来的なナイル川の水不足を招く恐れがあるとして、アフリカ連合に貯水停止の仲介を求めているほどで、スーダンもまたこれに賛同しています。これが、エジプトがスーダンを支援する要因の一つといわれています。

そして、サウジアラビアとアラブ首長国連邦はスーダン国内を流れるナイル川沿いの耕作地を買収し、ここで穀物生産を行うために大型の投資を進めてきました。

「水と安全はタダ」と思っている日本人には理解できないことと思います。

また、紅海に面したスーダンの地域で港湾施設の新規建設のために、アラブ首長国連邦の企業が60億ドルもの契約を交わしたとされています。これはスーダンのみならず、南スーダンで採掘された原油の輸出港として機能することとなります。もちろん原油だけでなく、チャドや中央アフリカ共和国など、「鉱産資源には恵まれているけれど、内陸に位置して輸出が困難な国」の回廊であり、「希望」でもあります。

この「希望」に目を付けたのがロシアであり、実質的な実行部隊としてのワグネルという図式です。ワグネルはアフリカ大陸における影響力を着実に拡大しつつあります。

## 大国に翻弄され続けるスーダン

スーダンや中央アフリカ共和国、マリなど、スーダンを回廊として利用したいアフリカの国々は、ロシアによるウクライナ侵略に対する非難決議案に棄権、または反対しています。

スーダン国内でのワグネルの活動を支援しているのが、ダガロ中将とされています。つまり、RSFはロシアの後ろ盾があるといってよいでしょう。ダガロ中将はスーダン政権を掌握した後、紅海に面したポートスーダンにある海軍基地の25年リース計画をロシアと締結すると考えられています。そうなれば、紅海の入口に位置するジブチに置いてある米軍基地から目と鼻の先であり、ロシアの軍艦にスエズ運河の航行、インド洋へのアクセスを容易にさせることで、米露の対立が顕在化する恐れがあります。

そしてワグネルの活動はRSFの兵士によって守られているというわけです。そう考えれば、ロシアがスーダンでの権益を獲得するために、ダガロ中将を焚きつけてブルハン中将との権力争いに発展した可能性がありそうです。どれだけのキックバックが約束されたのでしょうか。

一方で、エジプトはエチオピアとの関係から、ブルハン中将を支援して水資源という自国の利益を守ろうとしています。

単なる二人の将軍による権力争いという見方が大勢を占めると思いますが、結局はスーダンが持つ「地の利」を利用し、権力争いに加わった二人の将官それぞれに「後ろ盾」があるという図式のようです。

これでは戦争はいつまで経っても終わりません。そして、何よりも重要なのは、スーダン国民が抱く、民主化への移行という希望を打ち砕いたということでしょう。1956年の独立から17回のクーデター未遂（うち6回成功）、2回の内戦、そしてダルフール紛争を経験しました。これだけの血を流してもまだ、スーダンの民主化は達成されません。

国家の平和と国民の笑顔を守るために存在するのが為政者であり、官僚です。しかし彼らは自らの保身のために行動し、不利益を被るのはいつも国民です。それは日本も同様です。財務官僚の保身のために、どれだけの日本国民が翻弄されていることか。

いつの時代もこうした状況を打破するのは国民の怒りです。だからこそ、怒らなければならないのだと思います。「オレは政治的な発言はしないようにしているんだぜ！」と斜に構えるのはよいですが、結局それは自分の首を自分で絞めていることになるという自覚を持った方がよいでしょう。

スーダンが今の地理的位置でいる限り、大国に翻弄される図式は今後も変わらないのかもしれません。「親ガチャ」などよりも、はるかに「国ガチャ」の方が影響力は大きいといえます。改めて、日本に生まれた幸運をかみしめたいと思いながら、一日も早く、スーダン国民に笑顔が戻ることを願っています。

# スーダンとエチオピア両国の国境紛争と周辺諸国の思惑

これまで、アフリカのスーダンで発生した内戦について歴史的経緯も踏まえて解説しました。

この内戦は、26年もの間、独裁者として君臨したバシール大統領（当時）をクーデターによって追放した軍部による、その後の主導権争いが顕在化したものです。そんな争いが2023年4月15日に発生し、同年5月1日時点で550人が命を落とし、4926人が負傷したと発表されています。この中には民間人も含まれているため、国民そっちのけで軍部による主導権争いが続いていたことが分かります。

そのため、「停戦合意は人道的な目的にのみおいて成されるのであり、紛争解決といったことは望んでいない」とブルハン中将が一歩も引く余地がないことを表明しています。

今回、主導権争いをしているのは、スーダン国防軍と国営民兵組織「RSF」です。スーダン国防軍を率いているブルハン中将はRSFとの間で、4月27日より7日間の停戦を合意しましたが、そんな合意など「どこ吹く風」とばかりに、またドンパチ始まってしまいました。

その後、5月4日から11日までの停戦合意が新たに結ばれました。挙げ句の果てには、国連世界食糧計画（ＷＦＰ）がスーダンで保管しておいた食料8万トンのうち、1万7000トンが何者かに略奪されたそうで、どちらの軍かは分かりませんが、内戦を有利に進めるために、国民のために用意しておいた食料まで奪うという始末です。内戦の被害者はいつの時代も国民です。

まるで、自分たちの保身、出世を優先させて、国民の財布に堂々と手を突っ込んでくる財務省、そして「財務省管理内閣」の長である総理大臣のような振る舞いです。

また、国際連合の発表によると、およそ10万人が諸外国へと非難し、4万2000人以上が隣国エジプトに渡ったといいます。つまり、**難民が発生しているということ**です。

## ティグレ紛争とスーダン、エチオピア両国の国境紛争

2023年1月、エチオピアの首相、アビィ・アハメド・アリがスーダンを訪れ、事実上の国家元首であるブルハン中将と会談しています。

最近のスーダンとエチオピアの関係は決して良いものではなく、特にエチオピア北部のティグレ州で発生した内戦による難民がスーダンへ向かったことから、両国の関係は緊張状態にありました。

ティグレ州とはエチオピア北部にある州です。ここで2020年11月より紛争が勃発していました。「エチオピア国内の内戦」とはいいつつも、ティグレ州がスーダンやエリトリアと国境を接していることもあり、周辺諸国を巻き込んだ内戦となったことから、スーダンとエチオピアの緊張状態が生まれました。

もともとエチオピアでは、2018年から現在にいたるまで内戦が継続中であり、その内戦の一つがティグレ紛争といえます。内戦の図式は、エチオピア政府と反政府勢力によるもので、反政府勢力を形成しているのが、ティグレ人民解放戦線とオロモ解放軍を主軸としたエチオピア連邦統一軍事戦線です。

内戦が勃発した当初は、各反政府勢力が個別に政府軍と戦っていましたが、2021年11月以降は9つある反政府勢力が一つにまとまって「情報共有」「共同軍事作戦」を掲げてエチオピア連邦統一軍事戦線を結成しました。

目的は「アビイ首相による独裁政権の打倒」ということになっていますが、アビイ首相が現職に就いたのは2018年4月2日のことであり、長期間におよぶ独裁政権を築いているわけではないようです。むしろ二代前のメレス・ゼナウィ（任期：1995年8月〜2012年8月）の方が断然長いといえますし、長らくエチオピアで独裁政治を敷いてきたのはティグレ人民解放戦線を中心とした連合政党ですので、これはもう完全に民意を無視して政権に固執する醜い反政府運動でしかありません。

政権争いに敗れたティグレ人民解放戦線はティグレ州に拠点を設け、ここで反政府運動を始めたというわけです。そして2020年11月初旬になると、ティグレ紛争で発生したエチオピア難民がスーダンへと渡るようになりました。これをきっかけにスーダンとエチオピアが国境付近で戦闘状態となっていきます。

主に戦闘が行われたのは、両国の帰属問題で揺れるアル・ファシャカという地域です。この地域は、北のアンゲレブ川と南のアトバラ川に挟まれた肥沃な平野であり、降水量の少ない両国にとっては是が非でも自国領としておきたい場所といえます。

## 複雑化するスーダン情勢

最終的には2022年11月2日に和平交渉が結実して「敵対行為の永久停止」が合意されましたが、スーダンとエチオピア両国の緊張がなくなったわけではなく、スーダンのブルハン中将とエチオピアのアビイ首相は、大エチオピア再生ダム（GERD）とアル・ファシャカを巡る国境紛争について話し合ったようです。

ティグレ紛争の解決のために、エリトリア大統領イサイアス・アフウェルキ（任期：1993年5月～現職）は、エチオピア政府軍を支援するため、ティグレ州に軍隊を配置していました。しかしティグレ紛争が解決した後も、エリトリア軍はティグレ州での駐留を続け、アビィ首相とアフウェルキ大統領との関係が悪化しているといわれています。

そしてアフウェルキ大統領は、スーダンのRSFを率いるダガロ中将と会談するという、ここまで書いていて自分でも頭の整理が追いつかないような混沌とした状況となっています。

正直、この後にどのような展開が待っているかは分かりませんが、混乱に乗じて、スーダンを上手く活用しようとする周辺諸国の思惑が見て取れます。そして、次期スーダンの「指導者」がどちらになるか、実に注意深く観察しているようにも思えます。エリトリアはスーダン前大統領バシールへの武装反乱が起きたさいに、反政府勢力を支援した過去がありますので、スーダン東部にまで戦禍が拡大すれば、エリトリアは「弓を引く」のかもしれません。

そしてブルハン中将を支援する、シシ・エジプト大統領の存在もあり、もはやスーダン国内の問題だけではなく、国際連合が出てきても解決できるような状況ではなくなっているといえるのかもしれません。

本章ではこれまでスーダンで発生した軍部による主導権争いと、それに至る経緯についてまとめ、周辺諸国との関係性について解説してきましたが、もはやどこで何が起きているのか、大局を把握するのは困難を極めそうです。そして、スーダン国民だけが取り残され、かけがえのない命を落としてしまうのです。

## EUとロシアの狭間でより「危険」になったセルビア

**「民族」とは、文化的特徴で区分する人類の集団**のことをいいます。もちろん「日本人」といえば、「日本国籍を有する人」を指すことが多いと思います。しかし、日本は周りを海に囲まれた海洋国家であり、基本的に国境と言語境界が一致します。そのため、「日本人」という呼称を「日本語を母語とする人」という意味で捉えることがあまり多くないように思います。

だからこそ、諸外国において複数の民族が同居し、同一国内に民族の境界が存在していることへの理解が希薄となりがちです。

例えば、「セルビア人」と聞けば、「セルビアという国で生活する人」という意味でしか捉えられず、「いったい、セルビア人がどうした?」くらいの想像しかできません。つまり、「A国で生活するB人」といった例はいくらでも存在しているのであって、「どこの国で生活しているセルビア人?」といった考えをもつことが重要です。

先述した通り、コソボでは2022年7月31日、セルビア政府発行のナンバープレートを持つセルビア人は、2か月以内にコソボのナンバープレートに変更しなければならないことが決められました。つまり、こういう出来事を「セルビア政府発行のナンバープレートを持つ、コソボ国籍を持つセルビア語話者は、2か月以内にコソボ政府発行のナンバープレートに変更しなければならない」と、正しく認識できるかどうかが重要であるということです。

この一件と現在のコソボ情勢について、第3章で解説しました。かいつまんでまとめると、この時のコソボ政府の決定が延期されたことで、コソボ国内におけるコソボ人とセルビア人との緊張は緩和されたのですが、これにはEUによって「両民族が仲良くしないと、EU加盟はないものと思え！」と警告したことが背景にありました。

そして、2022年12月15日、コソボは正式にEUへの加盟申請を行いました。その前に、ボスニア・ヘルツェゴビナが「EU加盟候補国」としての地位を与えられたことに続くものでした。

小さな空間スケールにおいては「ナンバープレート問題」が強調されましたが、もっと広い空間スケールでみれば民族問題が横たわっているわけです。

## なぜコソボでセルビア人が声を上げるのか？

2023年5月、セルビア共和国のアレクサンダル・ヴチッチ大統領（2017年5月31日〜現職）が、「セルビア軍を高次の警戒態勢に置いた」と発表し、コソボに駐留しているNATO主導の軍隊に対して、コソボ警察から「コソボのセルビア人」を守るよう要請しました。続いてセルビア国防大臣が「コソボとの国境付近への軍の緊急移動が発令された。コソボにおいてセルビア人コミュニティーに対するテロが起きていることは間違いない」と述べています。

事の発端は、コソボ北部の3つの自治体（ズヴェチャン、レポサヴィチ、ズビン・ポトク）における、「コソボのアルバニア人」である市長への「コソボのセルビア人」の抗議デモでした。2023年4月23日、新しい市長を選出するための選挙が行われましたが、「コソボのセルビア人」はこれをボイコットしていたため、選挙結果は無効であるとの抗議でした。コソボ警察は、デモ隊による投石で警官5人が軽傷を負い、また4台の警察車両が破壊され、そのうち1台は燃やされたといいます。

コソボは7つの「オクルグ（Okrug）」から構成されており、一般にオクルグは「郡」と日本語で説明されます。このオクルグの中に自治体がそれぞれ存在しており、今回の3つ

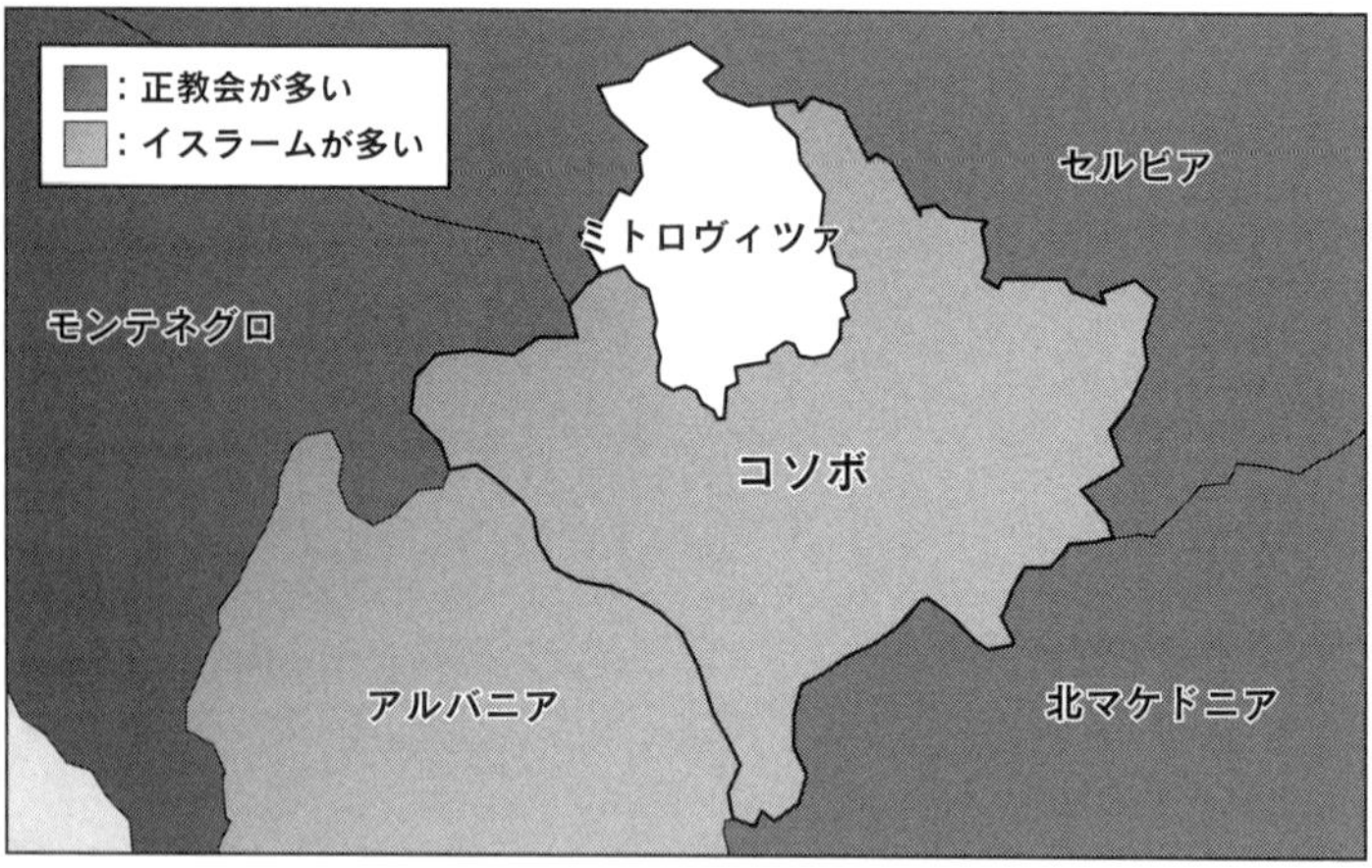


**コソボと周辺国**

の自治体はコソボ北部のミトロヴィツァ郡に属しています。上図中、白で示された場所がミトロヴィツァ郡であり、北隣のセルビアと国境を接していることが分かります。

もちろん、これに対してコソボはセルビアを非難する声明を発表しますが、コソボ警察の取った行動に対して、アメリカ合衆国のアントニー・ブリンケン国務長官が「アメリカの助言を無視したな、コノヤロー！　セルビアとコソボの関係改善に冷や水を浴びせるとは何事だ！」と非難しました。

そしてセルビアからは国務長官が声明を発表しており、「セルビア人が多い地域で、投票率が3％しかなかった選挙を認め、一方的にアルバニア人市長を就かせるとは何事だ！」と非難しているわけです。

ここでいう「アルバニア人」というのが、つまり「コソボのアルバニア人」のことです。コソボ人は、民族的にアルバニア人であるため、セルビア人とはそもそも異民族であり、信仰する宗教が異なります。そのため、コソボの中で「コソボのセルビア人」による自治を要求していますが、コソボの憲法裁判所がこれに対して違憲判決を下しています。

そもそも、アメリカ合衆国やEUからしてみれば、「ロシアによるウクライナ侵略で忙しいときに、悩みの種を増やすんじゃねぇよ、ハゲ！」とご立腹のようで、だからこそ、「お前らが仲良くするなら、EU加盟を考えてやる！」と伝えているわけです。そして、2023年1月、コソボとの関係正常化を目指さなければ、「大きな損害」を被る可能性があることを欧米諸国から最後通告を受けたと、セルビアのヴチッチ大統領が述べています。最後通告の全容は公表されていません。「コソボが国際機関に加盟することに対し、セルビアが反対しないこと」が盛り込まれているとされているようです。

そして2023年5月2日、ベルギーのブリュッセルにてセルビアのアレクサンダル・ヴチッチ大統領とコソボのアルビン・クルティ首相による会談が設けられました。この会談は、2月、3月に続くものであり、両国の関係正常化、EUから提案された正常化計画11項目の実施に向けたものです。

11項目については、以下のサイトに詳しく掲載されています。*3

全文が英文で書かれていますが、ここで重要なのは第4条と第7条です。第4条と第7条をまとめると、「セルビアはコソボを独立国家として認めること」、「コソボは自国内におけるセルビア正教会の信仰を認めること」が盛り込まれているわけです。

コソボはイスラームを信仰するアルバニア系住民の多い国ですから、一部の「コソボのセルビア人」が信仰するセルビア正教会の存在を認めることは少数民族の保護を意味します。そして、セルビアがコソボを独立国家として認める一方で、2013年に合意されたコソボ国内における「コソボのセルビア人」が多数を占める自治体による連合体を設立することの履行についても話し合われることとなっています。

この合意が成されていないにもかかわらず、選挙が行われたため、「コソボのセルビア人」は投票をボイコットしたというわけです。これを、拍手をもって賞賛したのが他ならぬヴチッチ大統領でした。

セルビアがコソボの独立を認めていないという大義名分があるならば、セルビア軍自らコソボに出向いて「コソボのセルビア人」を保護すればよいかと思いますが、それはコソボに駐留するNATO軍との衝突を意味するわけですから、不可能です。

## 米国とEUは、なぜセルビアに介入するのか？

セルビアはロシアの同盟国です。そのため、欧米諸国からしてみれば、「ウクライナ侵略から目を背けようと、ロシアがセルビアを利用して、バルカン半島に混乱を生み出そうとする可能性がある」と危機感を覚えているわけです。そのため、EUは「セルビアのEU加盟」をエサに、コソボとの関係改善を要求し、その後ろで暗躍するかもしれないロシアを抑え込みたいという狙いがあるように思えます。

ロシアは自国内の少数民族の独立運動に火が点いてしまうことを恐れている側面もありますが、こうした事情もありコソボを独立国家として承認していません。コソボの国連加盟に対しても拒否権を発動しています。もちろん、セルビアはロシアによるウクライナ侵略についての制裁は拒否しています。

ロシアだけでなく、EU加盟国のうちギリシャ、キプロス、スペイン、ルーマニア、スロバキアもコソボの独立を認めていないこともあり、全会一致を条件とする「コソボのシェ

＊3 Belgrade-Pristina Dialogue: EU Proposal - Agreement on the path to normalisation between Kosovo and Serbia
https://www.eeas.europa.eu/eeas/belgrade-pristina-dialogue-eu-proposal-agreement-path-normalisation-between-kosovo-and-serbia_en

ンゲン協定への参加」の道も閉ざされています。つまり、ヨーロッパを自由に移動できないため、留学の機会が得られず、「頭脳環流」によって国内経済の発展を願うこともできないというわけです。若者にとってみれば、新しい未来を築く夢が奪われたのも同然といえます。

セルビアにとってのロシアは、「天然ガスの輸入先」であり、「コソボの国連加盟を拒否してくれる後ろ盾」でもあるため、この関係を維持したい意向はもちろんあるでしょう。しかし、セルビアにとってのEUは過去20年間で30億ユーロもの経済援助を受けていることもあり、今後加盟を目指す相手でもあります。

だからこそ、ロシアによるウクライナ侵略によって、そのバランスはより不安定になったといえます。いや、不安定というよりも「より危険になった」という方が正しいのかもしれません。

EUの要請によってセルビアがコソボを独立国家として認めるならば、ロシアはロシアでウクライナ東部のドネツクとルハンスクも独立を宣言できると「屁理屈」を述べるでしょう。「前例」とはそういうものです。プーチンはウクライナ侵略のためならば、同盟国を利用することなどいとわないでしょう。

ＥＵがセルビアに対し、一日も早くコソボを独立国家として認めさせたいのは、プーチンを抑え込みたい意向があることは間違いないといえます。

しかし、コソボ国内における「コソボのセルビア人」が多数を占める自治体による連合体を設立すると、「『スルプスカ共和国』のようになるのでは？」との懸念があるそうです。それは一体どのような懸念なのでしょうか？

次からは、ボスニア・ヘルツェゴビナの歴史、同国を構成する一つであるスルプスカ共和国について解説したいと思います。

## 旧ユーゴスラビアの解体とセルビア

これまで、コソボ共和国の北部における、アルバニア人とセルビア人による衝突について解説しました。

事態を理解するために必要な基礎知識の一つが**「国境と言語境界は必ずしも一致しない」**ということです。本書でも度々述べてきましたが、日本のように国境と言語境界が一致している海洋国家においては、一つの国に異なる言語を話す民族が同居している状態がなかなか理解できないものです。ましてや、民族が言語などの客観的な事実によって区分された人類の集団であるとはいえ、「私は〇〇人である」という主観的な帰属意識の方が優先されますので、日本ですら国境と言語境界は「ほぼ一致している」というのが限界かもしれません。

2008年まで、コソボ共和国はセルビア共和国内の一つの州でした。コソボ州（当時）はアルバニア系住民が多く居住する地域であったため、セルビアからの独立を目指していました。ちなみに、2023年2月17日が、コソボ独立15周年の記念日でした。

コソボ人とはつまり、アルバニア人です。しかし、コソボ州にもセルビア人は生活していましたので、コソボの独立により、コソボ共和国内におけるセルビア人は少数民族となったわけです。『データブック オブ・ザ・ワールド2023』（二宮書店）によると、コソボの人口はおよそ166万人（2021年）、そのうち、およそ92・0%がアルバニア人、5・3%がセルビア人となっています。しかし、住民の民族構成割合のデータが2006年であるため、実際はどれほどなのかは分かりませんが、大差は無いでしょう。

もちろん、セルビアはコソボを国家承認しておらず、他国の少数民族の独立を承認することで、「自国内での少数民族の独立運動が激化する」ことを恐れた中国やロシア、スペイン、インドなどもコソボを国家承認していません。また先述のスペインを含む、スロバキア、キプロス、ルーマニア、ギリシャといったEU加盟国もコソボの独立を認めていません。

日本にはこうした恐れがないことから、コソボを独立国家として承認しています。

バルカン半島は、かつて「ヨーロッパの火薬庫」と呼ばれていたほど、多くの民族が混在し、カトリックや東方正教会、イスラームといった宗教が信仰されている地域でした。**「宗教分布の境界」はまさしく、「むき出しの導火線」が存在する**こととなり、これは東方正教会とイスラームの境界となるカフカス山脈周辺も同様です。

かつて存在したユーゴスラビアは、民族ごとに6つの共和国からなる連邦国家でしたが、ヨシップ・ブロズ・ティトーの指導力によって一つにまとまっていました。しかし彼の死後、統率力を持った指導者が現れず、ユーゴスラビアは瓦解していきます。1991年にスロベニアとクロアチア、マケドニア（現在の北マケドニア）がユーゴスラビアから独立を宣言しました。

1992年2月29日から3月1日にかけて、ボスニア・ヘルツェゴビナで独立を問う住民投票が行われました。この時の投票をボイコットしたのが、住民のおよそ3分の1を占めていたセルビア人（セルビア正教会）でした。最大民族であった44％のボシュニャク人（イスラーム）と、17％のクロアチア人（カトリック）は独立を目指していたこともあって、独立反対のセルビア人がボイコットしたため、独立の是非を問う住民投票は90％を超える投票率にて「独立賛成」という結果に終わりました。これを根拠に、ボスニア・ヘルツェゴビナは独立を宣言し、翌月にはヨーロッパ共同体（ＥＣ）がこれを承認します。さらに5月になると国際連合へと加盟しました。

しかし、セルビア人は独立反対の意向を持っていたため、ＥＣの独立承認と同時に、セルビア人はボスニア・ヘルツェゴビナ北部から東部の地域を中心に「スルプスカ共和国」の独立を宣言しています。そして「ボシュニャク人&クロアチア人vsセルビア人」によるボスニア・ヘルツェゴビナ紛争が勃発しました。

## ユーゴスラビア紛争（1991年3月31日～2001年11月12日）

突然話は変わりますが、アニメ「機動戦士ガンダム」をご覧になったことはあるでしょうか。地球から最も遠い宇宙都市サイド3はジオン公国と名乗り、地球連邦に独立戦争を挑むべく、宣戦布告をするところから一年戦争が始まります。

作中で語られる「一年戦争」は、別名「ジオン独立戦争」ともいわれ、実際は、宇宙世紀0079年1月3日から始まっています。

その間、「一週間戦争（1月3～10日）」「ルウム戦役（1月15～16日）」が起きており、特に「一週間戦争」ではコロニー落としがおこなわれ（ブリティッシュ作戦）、人類の半数近く（110億人中55億人）が死亡するという未曾有の災害をもたらしています。

「機動戦士ガンダム」では、毎回オープニングにて、「戦争は膠着状態に入り、8か月余りが過ぎた」と磯野波平……、いや、永井一郎氏のナレーションが流れるのが恒例でした。そして9月18日、シャア・アズナブル配下の偵察部隊に襲撃を受けるところが、「機動戦士ガンダム」第一話の始まりです。

「機動戦士ガンダム」といえば、主人公であるアムロ・レイが地球連邦軍の新兵器RX-78-2（いわゆる「ガンダム」）を駆って、ジオン公国軍との戦いを描いた作品といえば分かりやすいと思いますが、作中で描かれた時系列は、宇宙世紀0079年9月18日から、翌年1月1日までの「わずか3か月ちょっと」の間の話だったということです。

結局、何を言いたいのかというと、ボスニア・ヘルツェゴビナ紛争も長らく続いたユーゴスラビア紛争（1991年3月31日〜2001年11月）の一つに過ぎないということです。そこで、単純にボスニア・ヘルツェゴビナ紛争を追いかけるだけでなく、1989年に東ヨーロッパ諸国で共産主義体制が相次いで崩壊した東欧革命の影響も考慮しつつ、ユーゴスラビア社会主義連邦共和国（以下、旧ユーゴスラビア）が瓦解していく過程を追いかけていきたいと思います。

**①スロベニア独立戦争（1991年6月27日〜7月7日、別名「十日間戦争」）**
**〇スロベニア共和国 vs ユーゴスラビア連邦軍×**

この戦争はユーゴスラビア紛争の端緒となりました。スロベニアはセルビアと国境を接していませんし、旧ユーゴスラビアの首都はベオグラード（現在、セルビア共和国の首都）でしたので、「首都から最も遠い連邦構成国」による独立戦争という様相を呈しました。何かと似ていますね。

1991年6月25日、スロベニアが独立を宣言したことでユーゴスラビア連邦軍がスロベニアに侵攻し戦争状態となりました。しかし、スロベニアはこれを返り討ちにして独立を勝ち取ります。スロベニアの強さは、その高いナショナリズムにあったといえます。スロベニアは民族の均一性が高く、スロベニア人が90％以上を占めていたといいます。独立後は周辺諸国からの移民の流入によって変動しているようで、2002年の統計によるとスロベニア人は83・1％となっていますが、それでもかなり高いといえます。

またスロベニアは、経済的に豊かなイタリア北部やオーストリアと国境を接しており、早くから経済交流があったことを背景に、経済水準が高かったことが特徴です。現在でも、旧ユーゴスラビア7か国で、もっとも経済水準が高い国です。

この経済水準の高さこそ、旧ユーゴスラビアの中からいち早くヨーロッパ連合（EU）に加盟できた背景といえます。スロベニアのEU加盟は2004年のことでした。スロベニアの高い経済水準を目指して移民や外国人労働者が増加したこともあって、スロベニア人の割合はかつてより低くなったわけです。

旧ユーゴスラビアは、政治はセルビアが主導していたものの、経済は最も遠く離れたスロベニアが牽引していたというわけです。

独立後は、スロベニア経済がさらなる発展を遂げ、旧ユーゴスラビアの中でもいち早くEUに加盟するわけです。

## ②クロアチア独立戦争（1991年6月頃〜1995年11月頃）
## ○クロアチアvsユーゴスラビア連邦×

スロベニアが独立宣言をした1991年6月25日、この日にクロアチアも独立宣言をしています。そして時を同じくして武力衝突へと発展しました。スロベニア独立戦争は10日間で終わったのに対し、クロアチア独立戦争はなんと4年5か月もの間続きました。

考えられる大きな要因は、「クロアチアがセルビアと国境を接していたこと」が挙げられます。

1990年になると、クロアチアでは東欧革命の影響もあって、旧ユーゴスラビアからの独立の気運が高まります。しかし、クロアチア領内のセルビア人はクライナ・セルビア人自治区を作り、そこで住民投票を行うことで旧ユーゴスラビアへの残留を勝手に決めてしまいます。12月にクロアチア憲法が制定され、クロアチア領内におけるセルビア人は少数民族として制定されました。

クロアチアの独立宣言は、ユーゴスラビア連邦軍との戦闘状態へと発展し、12月にドイツがクロアチアの独立を承認すると、クロアチア領内のセルビア人は「クライナ・セルビア人共和国」の建国を宣言しました。

結局、戦争は長引き、ようやく1995年に領内のセルビア人を追い出すことに成功し、セルビアと国境を接していた東スラボニアを併合することで、独立戦争は幕を閉じました。

### ③ボスニア・ヘルツェゴビナ紛争（1992年4月6日〜1995年12月14日）

前年6月にスロベニアとクロアチアが独立を宣言してからおよそ9か月後、先述のように両国に続いてボスニア・ヘルツェゴビナが独立を宣言しますが、「ボシュニャク人&クロアチア人vsセルビア人」によるボスニア・ヘルツェゴビナ紛争が勃発しました。

国際社会は、旧ユーゴスラビアへの経済制裁、ボシュニャク人&クロアチア人を支援することで独立を後押ししましたが、この紛争は「異民族の独立」ではなく、「同胞の支援」

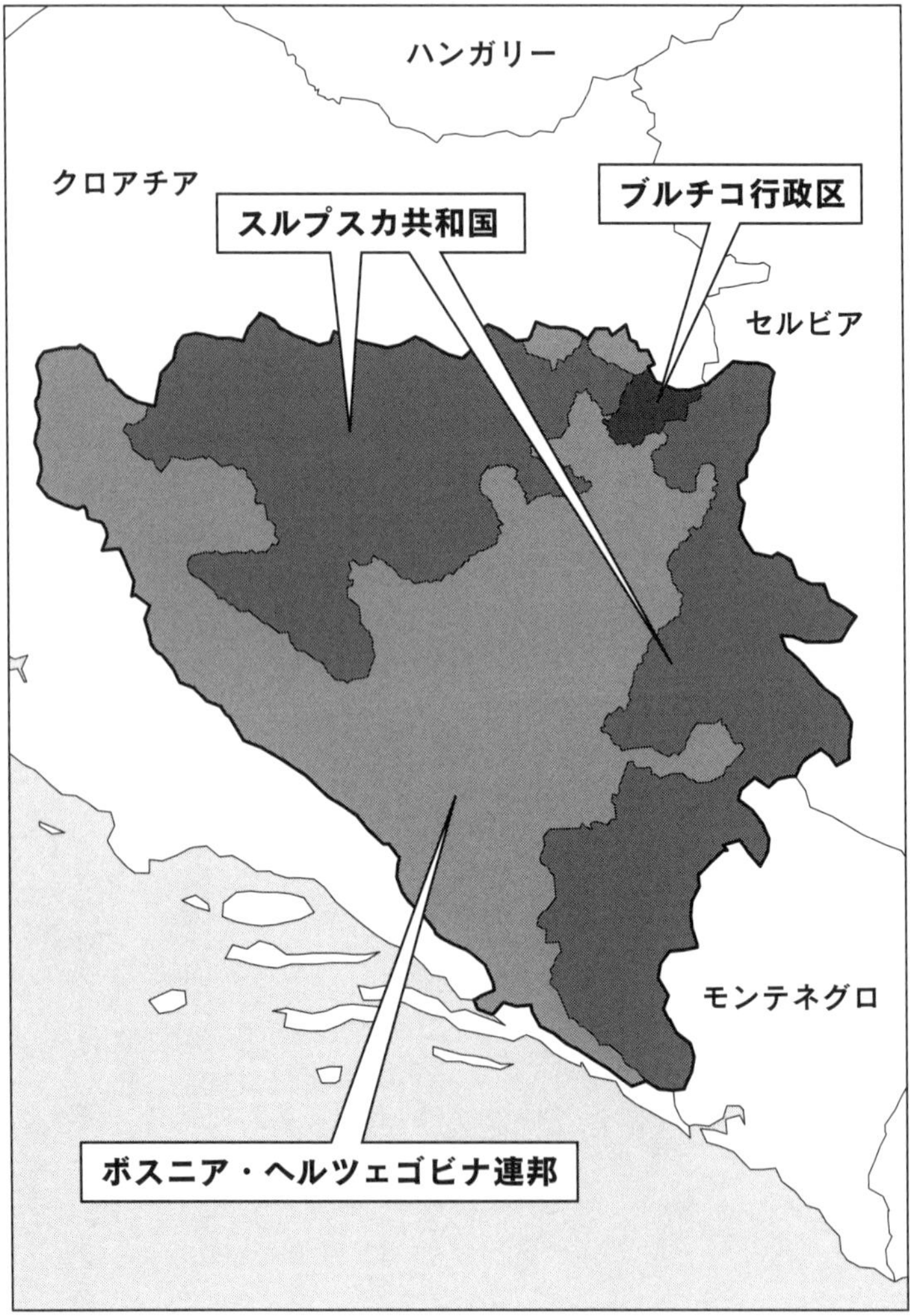


ボスニア・ヘルツェゴビナ連邦とスルプスカ共和国

という側面があったため、ユーゴスラビア連邦軍に支援されたセルビア人勢力が優位に立っていました。

そんな中1993年に入ると、ボシュニャク人とクロアチア人との対立が顕在化し、「ボシュニャク人vs セルビア人&クロアチア人」という対立の図式へと変貌すると、クロアチア人はボスニア・ヘルツェゴビナ領内に「ヘルツェグ＝ボスナ・クロアチア人共和国」を作ります。

旧ユーゴスラビアへの経済制裁を取っていたこともあり、これに対して西側諸国は再びボシュニャク人とクロアチア人との連携を模索すべく、アメリカ合衆国が仲介役を務め、独立後にボシュニャク人とクロアチア人の連邦国家を設立することで合意します。そして、1994年4月にはNATO（北大西洋条約機構）によるセルビア人への空爆が実施され、アメリカ合衆国によるボシュニャク人とクロアチア人への軍事支援が始まりました。

結局はNATOによる度々の空爆が、ボシュニャク人とクロアチア人にとって戦局を優位に進めることとなり、1995年10月13日に一旦は停戦し、12月14日のデイトン合意によって紛争は終結しました。

この合意により、ボスニア・ヘルツェゴビナの構成区分が定められ、ボシュニャク人とクロアチア人主体のボスニア・ヘルツェゴビナ連邦と、セルビア人主体のスルプスカ共和国からなる連邦国家となることが決められました。

さらに、「お前ら喧嘩すんじゃねぇぞ！」とばかりに、NATO指揮下の多国籍部隊である和平履行部隊（IFOE）が設置され、後に平和安定化部隊（SOD）へと引き継がれていきます。

# 民族の歪んだ優越感と指導者が抱く民族主義の高揚

これまで、ユーゴスラビア紛争（1991年3月31日～2001年11月12日）の6つの大きな戦争のうち、スロベニア独立戦争、クロアチア独立戦争、ボスニア・ヘルツェゴビナ紛争の3つを解説しました。

本項では、残り3つの紛争と、ボスニア・ヘルツェゴビナに存在するスルプスカ共和国について解説していきます。

## コソボ紛争（1998年3月～1999年6月11日）

コソボ紛争については、第3章にて解説をしてあります。

コソボは、アルバニア人が多数を占める地域であり、旧ユーゴスラビア時代にはセルビア領内のコソボ・メトヒヤ自治州として存在していました。1974年の憲法改正により、コソボ社会主義自治州へと昇格し、大幅な自治権を獲得しました。しかし、1990年にセルビア大統領に就任したスロボダン・ミロシェヴィッチは、コソボの自治権を剥奪し、コソボ社会主義自治州をかつてのコソボ・メトヒヤ自治州として、セルビア領内の自治州へと降格させました。

さらに、一連のユーゴスラビア紛争によって発生したセルビア人難民の保護地としてコソボを活用し、セルビア人のコソボへの流入を促していきました。セルビア政府はコソボにおけるセルビア人の割合を増やし、コソボ人、つまりアルバニア人の民族主義の台頭を抑え込もうとしたと考えられています。しかし力で抑え込めば、さらなる反発を招くのは必然であって、セルビア政府とアルバニア人との対立が激しくなっていきました。

1997年、隣国のアルバニアにて大暴動が発生しました。

アルバニアは、1967年より当時の共産党政権によって「無神国家」宣言をなされていた国であり、1990年まで一切の宗教活動が禁止されていました。1478年にオスマン帝国（当時）の支配下に入り、19世紀末にアルバニア民族主義が高揚するまで、およそ400年にわたってオスマン帝国支配が続いた国です。

この時の影響から国民の多くがイスラームを信仰しており、同胞であるコソボ人（＝コソボのアルバニア人）も同様にイスラームを信仰しています。

1990年代のモンゴルがそうであったように、**資本主義への移行の過程において、経**

**済的混乱は必然**です。とにかく稼がなければなりませんので、犯罪などに手を染めたり、貧富の差が拡大したり、さまざまな社会問題が顕在化します。アルバニアではネズミ講が横行し、さらに周辺国への武器輸出で外貨を稼ぐなどが広がりました。当時、国民の半数以上がネズミ講に手を染めていたといわれています。

この時破産した若者が起こした暴動が全国に広まり、1997年3月には首相が辞任するまでに発展しました。これによって南部地域では無政府状態と化し、武器がコソボへと流出したといいます。

これが、コソボ解放軍を刺激し、1998年2月にコソボの独立を求めた大規模な戦闘へと発展します。これがコソボ紛争の始まりです。

最終的に、1999年になるとNATOがセルビア政府のコソボからの撤退を要求し、セルビア政府が応じなかったため、3月からNATOはコソボ空爆を開始しました。この空爆により、セルビア政府はコソボからの撤退を余儀なくされ、コソボはセルビア政府の実効支配からの脱却を果たしました。

国連安保理決議1244により、国連コソボ暫定行政ミッション（UNMIK）が設置され、ユーゴスラビア軍は撤退、代わってNATOを主体としたコソボ治安維持部隊が駐留することとなりました。しかし、コソボ人、つまりアルバニア人によるセルビア人への報復が続き、セルビア正教会の聖堂が破壊されるなどが相次ぎました。一方、セルビア人が数多く居住するコソボ北部においては、セルビア人によるアルバニア人迫害が相次ぎました。

2008年、コソボはセルビアからの独立を宣言し、現在も独立の承認をめぐってセルビアと対立しています。

## プレシェヴォ渓谷危機（1999年〜2001年）

「機動戦士ガンダム」における「一年戦争」終結後、ジオン公国は地球連邦政府管轄のジオン共和国となります。しかし、ジオン共和国は地球連邦政府の傀儡国家でしかなく、これに反発した元ジオン兵たちが結成したのがジオン残党軍です。その流れを汲むのがネオ・ジオンであり、さらのその残党などを集めて結成したのが、シャア・アズナブルを総帥とする新生ネオ・ジオンでした。

「コソボ国内における少数民族」としてのセルビア人がいるならば、「セルビア国内における少数民族」としてのアルバニア人もいます。

コソボ紛争でコソボからユーゴスラビア軍を撤退させた勢いにのって、セルビア領内にてアルバニア人の高度な自治を求め、最終的にはコソボへと統合する意思を持った反乱が起きました。コソボ紛争によって、コソボ解放軍は解体されましたが、この時の反乱勢力であるプレシェヴォ・メドヴェジャ・ブヤノヴァツ解放軍は制服や紋章などがコソボ解放軍のものと同じだったといいます。ジオン残党軍は敗軍の将で構成されていたのですが、こちらは勝軍の将だったというところが興味深いですが、それほどまでに「誇り」というものはそう簡単には手放せないということなのでしょう。

結局はユーゴスラビア軍によって鎮圧されます。

## マケドニア紛争（2001年2月〜8月）

コソボ紛争の余波は、マケドニア（現在の北マケドニア）にも押し寄せてきました。143頁にも掲載した地図を見て、確認します。

地図中のF国がマケドニアですので、目と鼻の先であるD国南部のコソボから難民がやってくるというのも理解できます。

こうなると、マケドニア国籍を持つアルバニア人たちにとって同胞が増えたも同然であり、一気にアルバニア民族主義が高揚してしまいます。その結果、反政府組織であるアル

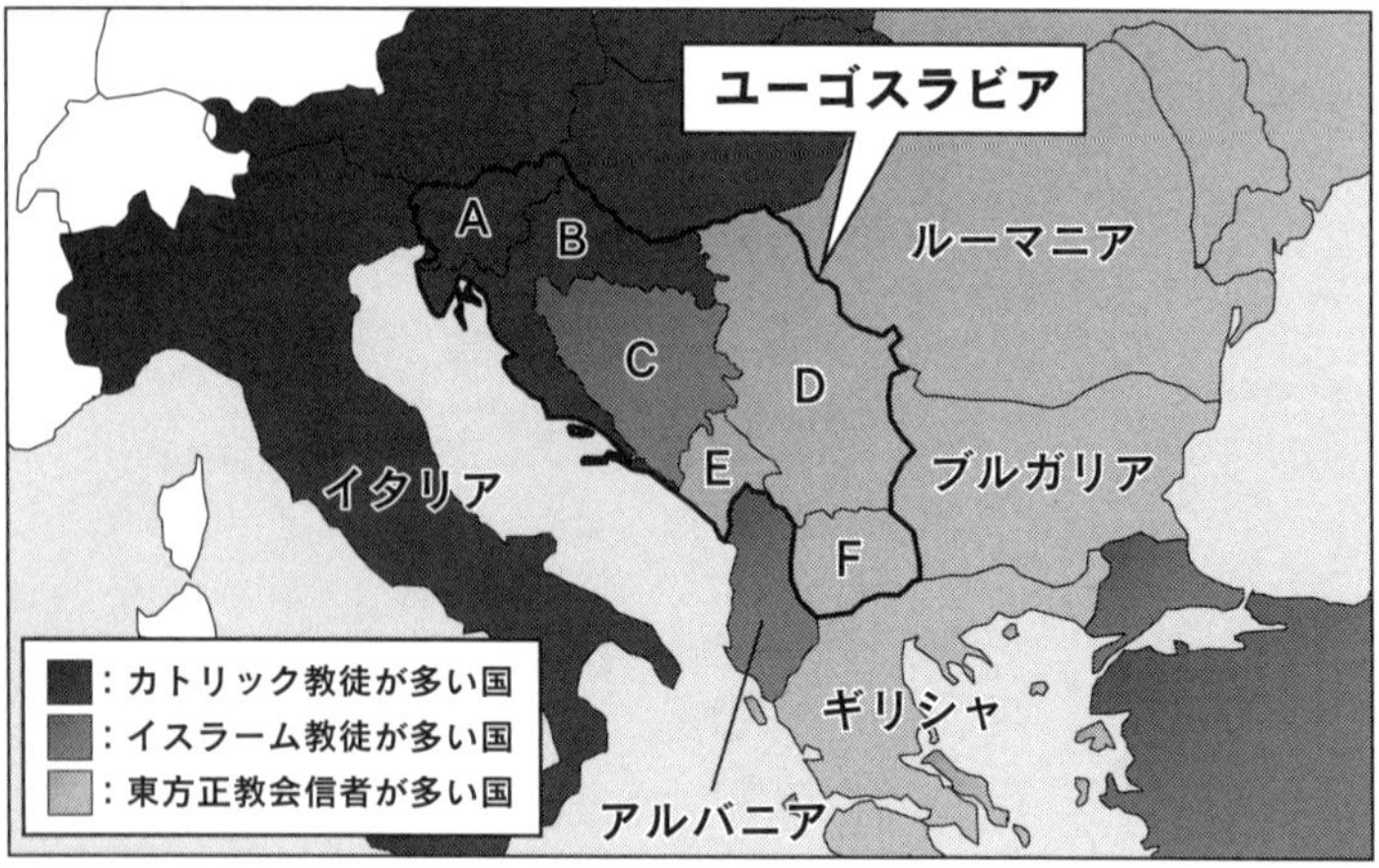


**かつてのユーゴスラビア（黒囲みされた地域）**

バニア民族解放軍が結成され、武装蜂起します。これに、コソボから武装勢力が越境して加勢しようとするわけで、戦争状態へと突入しました。

結局は、これにNATO（北大西洋条約機構）が介入して、アルバニア系住民の権利拡大が認められることで停戦。監視のためにNATO軍が駐留することが決まりました。2002年9月には憲法が改正され、同月の総選挙では、社会主義を掲げて少数民族に対する穏健的な政治を党是とするマケドニア社会民主同盟が政権を奪取します。そして、アルバニア民族解放軍が改組した、アルバニア人政党である民主統合連合と連立政権を組みました。

外務省のウェブサイトをみると、北マケド

ニアの宗教構成は「マケドニア正教7割、イスラム教3割」と書いてあることから、マケドニア人が多数派ではありますが、比較的政情は安定しているといえます。[*4]

## 「スルプスカ共和国のようになるのでは？」という懸念

ここまで、ティトーの死後、旧ユーゴスラビアが解体された過程を解説してきました。現在のセルビアの首都ベオグラードが旧ユーゴスラビアの首都であったことも手伝って、旧ユーゴスラビアにおけるセルビア人の他民族に対する優越感があったことは間違いないといえます。

だからこそ、旧ユーゴスラビアからセルビア人以外が独立していくことを容認することができず、現状維持を目指して独立を阻止してきた歴史が見て取れます。スロベニアのように、旧ユーゴスラビアの中で唯一、セルビアと国境を接していない国、マケドニアのように兵器の保有を旧ユーゴスラビア軍に返上するという条件を呑んだ国は容易に独立を達

＊4　北マケドニア（外務省のウェブサイト）
https://www.mofa.go.jp/mofaj/area/macedonia/data.html#section1

成できましたが、国境を接しているクロアチア、ボルニア・ヘルツェゴビナとは壮絶な独立戦争へと発展しました。

特に両国にはセルビア人が多く居住しています。クロアチアでは独立のさいに、クライナ・セルビア人民共和国を建国して抵抗しました。またボスニア・ヘルツェゴビナでは、スルプスカ共和国を成立させ、ボスニア・ヘルツェゴビナ連邦とともにボスニア・ヘルツェゴビナの構成国となっています。

コソボ国内における「コソボのセルビア人」が多数を占める自治体による連合体を設立すると、「『スルプスカ共和国』のようになるのでは？」という懸念があると先述しました。

2015年11月、ボスニア・ヘルツェゴビナの憲法裁判所は、「スルプスカ共和国の日（1月9日）」について、非セルビア人に対する差別的なものであるとして、違憲であるとの判決を下しました。これは1992年1月9日に、セルビア人が「ボスニア・ヘルツェゴビナ内にセルビア人の国家を成立させる！」と宣言したことにちなんでいます。1月9日はセルビア正教会の祝日でもあるため、イスラーム教徒のボシュニャク人、カトリック教徒のクロアチア人に対する差別でもあるとされているわけです。

結局これが、10万人を超える死者数を出したボスニア・ヘルツェゴビナ紛争を引き起こすわけです。また8000人を超えるボスニア人男性を殺害したスレブレニツァ虐殺へと繋がります。完全なるセルビア人による他民族への民族浄化といえます。この虐殺を指導したラトコ・ムラディッチやラドバン・カラジッチといった人物は有罪判決を受けています。

イギリスの喜劇王チャーリー・チャップリンの映画「殺人狂時代」（1947）の中で、「一人を殺せば殺人者だが，百万人を殺せば英雄だ。殺人は数によって神聖化される」と、ナチス・ドイツのアドルフ・ヒトラーを皮肉った痛烈な台詞があります。

まさしく、セルビア人にとって両者は英雄として扱われているわけです。

現在のスルプスカ共和国の大統領はミロラド・ドディクですが、彼はセルビア人民族主義の権化のような人物であり、毎年1月9日の祝賀会には参加しているようです。そして、セルビアとの統合を目的としたボスニア・ヘルツェゴビナからの分離独立を目指しています。またスレブレニッァの虐殺などは存在しないと公然と否定しています。

そして2023年1月9日の祝賀会においては、スルプスカ共和国の国歌だけでなく、セルビア共和国の国歌も演奏されたといいます。さらに、パレードではドネツク人民共和国の旗を掲げる人もいたといいます。もちろんですが、「ドネツク」とはウクライナ領ドネツク州なのであって、これをドネツク人民共和国と捉えているということは、親ロシア派の人物と考えられます。それほど、セルビアとロシアは近しい関係にあることは間違いありません。

またドディク大統領はロシア大統領ウラジーミル・プーチンに対して、「ロシアのおかげでスルプスカ共和国の立場が尊重されてきた」と絶賛し、プーチン本人不在の場において、名誉勲章を与えました。

こうした態度はアメリカ合衆国から非難の対象となっており、ボスニア・ヘルツェゴビナの領土保全を脅かしたとして、2022年には制裁対象となっています。にもかかわらず、1月9日の祝賀会に出席するという行動を取っています。

1995年12月14日、アメリカ合衆国が仲介してデイトン合意がなされたことでボスニア紛争が終結したことを考えれば、アメリカ合衆国からしてみると、「まーた、変なのがわいてきたぞ……」と頭がいたいことでしょう。

ドディク大統領は、ボシュニャク人のことを「二流」と蔑み、「夕食のために政党はキリスト教の信仰を売った裏切り者の改宗者」と罵っています。つまり、自分たちの保身のために、オスマン帝国の支配下に入ってイスラームに改宗した大馬鹿者とでも言いたいのでしょうか。当然ですが、こういう民族主義的な思想をもつ指導者がいれば、民衆は焚きつけられます。他民族に対する脅迫や暴力が顕在化しかねないと考えられます。

## 火種がつきないバルカン半島

バルカン半島は「ヨーロッパの火薬庫」といわれたほど、争いの歴史が横たわっています。この30年ほどの間、それをアメリカ合衆国なり、EUなりが政情の安定に努めようと動いてきた実績がありますが、公然とぶち壊そうとするドディク大統領、そしてそれを支援するウラジーミル・プーチンの存在が浮かび上がってきます。

ボスニア・ヘルツェゴビナに対してEUが加盟候補国としての資格を与えたことに対して糾弾したこと、NATO加盟に向けた動きを「それは敵対行為と見なす！」と警告を発したことからもそれは明白です。

EUとロシアの狭間で、セルビアがより「危険」になっていると解説してきましたが、ここまでで、その意味を理解していただけたのではないでしょうか。

話を最初に戻すと、コソボ共和国北部の自治体にて、「コソボのセルビア人」が市長を選出する選挙をボイコットしたことに始まります。この選挙で選出された「コソボのアルバニア人」の市長に対して「コソボのセルビア人」が選挙の無効を訴えてデモを起こしました。そして、「コソボのセルビア人」の取ったボイコットを賞賛したのがセルビア大統領でした。

2013年には、「コソボ国内における『コソボのセルビア人』が多数を占める自治体による連合体を設立することの履行」が合意されていますが、これを履行してしまうと、スルプスカ共和国のように、ゆくゆくはセルビア人民族主義が頭をもたげ、ひいては分離独立、セルビアへの統合を目指すことになりかねないのではないか、と考えられているわけです。

これが、「スルプスカ共和国のようになるのでは?」という懸念というわけです。

セルビア人指導者が抱く、歪んだ優越感は、ひょっとすると自国を「第三のローマ」の正統なる後継国家であると自認しているウラジーミル・プーチンがもつ感情と同じなのかもしれません。

そう考えると、ロシアによるウクライナ侵略も「ソビエト再興」を目指したものなのではないか、そしてさらに周辺に衛星国を創りたいのではないかと考えてしまいます。

Column

# 争いやまぬスーダン、二度の内戦とダルフール紛争

第4章で「1956年の独立から17回のクーデター未遂（うち6回成功）、2回の内戦、そしてダルフール紛争を経験しました。これだけの血を流してもまだ、スーダンの民主化は達成されません」と書きました。

このコラムでは、二度のスーダン内戦とダルフール紛争について簡単にまとめたいと思います。

## 第一次スーダン内戦（1955〜1972年）

元々スーダンは1899年より、イギリスとエジプトによって共同統治されていました。1924年頃、スーダンでは北部地域を中心に独立運動が激しくなっていきます。そのため南部を分断して統治することとなって、スーダンでは南北を移動することも禁止されていました。

1954年になると自治政府が発足します。この時の自治政府の中心にいたのは、北

部のイスラーム教徒でしたので、南部では北部主導で国が運営されていくことへの不満がくすぶっていました。

また北部と南部で連邦制を敷くことが決められていましたが、スーダン政府はこれを反故にし、イスラーム国家の樹立を目指していきます。これに反発した南部では黒人たちを中心に、スーダンからの独立を唱えるようになっていきます。そして激しい戦闘状態へと突入、以後17年にも及ぶ内戦へと発展していきます。これによっておよそ50万人が亡くなったといわれています。

1972年になるとエチオピア帝国の皇帝ハイレ・セラシエ1世の仲介でアディス・アベバ合意が締結されます。これによってスーダン南部の3州の自治が認められました。この合意によって、分離独立を目指した南部は矛を収め、スーダン政府もイスラーム国家の樹立、アラブ諸国との連携強化を放棄しました。

## 第二次スーダン内戦（1983～2005年）

スーダンは、南部を中心に石油の埋蔵量が多い国です。そのため、スーダンにとって石油の輸出は貴重な外貨獲得源です。また、スーダンよりもスーダン南部の方が赤道に近く、そのため降水量が多く、土地が肥沃でした。

つまりスーダンの中でも南部地域は原油の埋蔵に恵まれ、降水量が多く土地が肥沃といった地の利がありました。こうした地の利を北部側が手放したくないことは想像に難くなかったといえます。

１９８３年になると、政府は国全体をイスラーム化することを進めていきます。「シャリーア」、つまりイスラームの教えを最上位とする国政を敷いたため、南部の黒人を中心とした非アラブ系住民たちが反発して戦闘状態へと突入していきます。以後、２００５年までの間、およそ22年もの間、内戦状態となっていきます。これが第二次スーダン内戦です。

南部で反乱を起こしたのは、ソビエト連邦とエチオピアに支援されて組織したスーダン人民解放軍でした。この時の内戦で、およそ２００万人が死亡し、およそ４００万人が避難民となりました。

２００２年、ようやく南北の和平交渉が成立し、２００５年に署名されました。内容は、イスラーム法を適用しないこと、２０１１年までの６年間南部は自治権が与えられ、２０１１年の住民投票によってスーダンに残留するか分離独立をするかを決定すること、となりました。そして２０１１年１月、スーダン南部の独立の是非を問う住民投票が実施されました。この投票では独立支持が98・８％を数え、スーダンもこれを認めたため、南スーダンの誕生となりました。

しかし、南スーダンには独立にともなって問題が山積していました。インフラ整備や石油の利権、そしてアビエイと呼ばれる地域の帰属先が未解決の問題、そしてダルフール紛争です。

## ダルフール紛争（2003年〜継続中）

2003年初頭、ダルフール紛争は勃発しました。西部のダルフール地方での反政府勢力であるスーダン解放軍と、そしてこれに対するスーダン国防軍と民兵組織ジャンジャウィードとの間で繰り広げられている戦いです。後にジャンジャウィードから派生して誕生したのがRSFです。

ダルフール地方は貧困層が多く、政府から見捨てられてきた地方だといわれています。そういった事情から、各地で反政府勢力の武装組織が結成されていました。

もともとダルフール地方は、アフリカ系の人々が数多く住んでいたといわれます。アフリカ系の人々というのは、いわゆるアラブ人ではなく、非アラブ系の人たち。フール族、ザガワ族、マサリト族などが主な民族として知られています。信仰する宗教はイスラームです。

一方、スーダン国軍が組織した民兵組織ジャンジャウィードは、歴史的に土地を所有していなかったイスラームを信仰する小規模な遊牧民の出身者が多かったそうです。そしてその多くは隣国のチャドでの内戦の影響でダルフールに移住してきた人々が多いといわれています。

これまで2度にわたってスーダンで勃発した内戦は、北部のイスラームと南部のそれ以外の人たち、いわゆる宗教戦争的な側面が非常に大きい紛争でした。しかし、ダルフール紛争は当事者たちが全てイスラームを信仰する人々であるというところに特徴があります。

スーダン政府は反政府勢力の掃討作戦の一環として、反政府勢力と同一のアフリカ系の一般市民に対し民族浄化を展開し始めます。スーダン国防軍とジャンジャウィード達は数百もの村を焼き討ちし、そして殺戮を始めました。ジャンジャウィードは地上戦を行いスーダン国軍は空爆を行っていきました。

この戦闘の結果、260万人もの人々が避難民となりました。その多くが、今もダルフール内のキャンプ場で生活を余儀なくされているそうです。また20万人以上の人々が隣国チャドへ難民となって流出、そして難民キャンプでの生活を強いられています。このダルフール紛争は現在でも続いており、解決の目処が全く立っていない状況です。

# 第5章

# 「脱炭素」の問題点を読み解く

## 「脱炭素」に右往左往するヨーロッパ

世の中には理想論ばかりを振りかざし、現実を直視できない人がいます。そういう方々は「心が純粋」、もしくは「確信犯」のどちらかです。理想論ばかりを振りかざして、耳に心地のよい綺麗事を並べてばかりなので、結局は何も解決しないわけです。

というよりも、解決しない方が、いつまでも舌鋒鋭く政権批判をしていればよいだけの簡単なお仕事に従事できるという確信犯ともいえます。そういう方々は手段を目的化してしまっているので、政権を奪取しても結局は世の中を明るくすることはできないわけです。2009年8月の衆議院議員総選挙にて誕生した民主党政権が典型例といえます。

昨今の世界情勢においては「再生可能エネルギーこそ是である！」といった風潮がありますが、これも本来は「再生可能エネルギーの推進こそ、地球温暖化防止に役立つ」という論調の上に成り立っているといえます。しかし、実際は、**OPECプラスと国際エネルギー機関（IEA）との世界における「エネルギーの主導権争い」でしかない**わけで、IEAはしきりに「気候変動問題に解決策を見いだすんだ！」と息巻いています。

そもそも、IEAに加盟するには、経済協力開発機構（OCED）加盟国であることが条件であり、事実上「OECDの下部組織」といえます。1973年の第一次オイルショックをきっかけに、当時の米国・国務長官ヘンリー・キッシンジャー（1923〜）が提唱して設立されました。目的は、加盟国の石油供給の安定化のためです。そのため、加盟国間の石油の緊急融通を可能にしました。近年では、再生可能エネルギー技術の開発に注力し、また中国やインド、ロシアといった人口大国、そしてエネルギー大国への牽制も主な活動内容です。

OECDはしばしば「先進国倶楽部」と称される組織で、2023年現在38か国が加盟していますが、中国やインド、ロシアは加盟していません。

IEAがOECDの実質的な下部組織である以上、彼らは「対OPEC（またはOPECプラス）」「（石油アンチテーゼとしての）再生可能エネルギーの推進」を叫ぶわけです。

2011年3月、当時IEA事務局長であった田中伸男は、「OPECからの石油生産に対する依存度が現在の4割から5割に上がるなど、エネルギー安全保障面でのリスクも増大してしまいます」と述べ、「省エネ、再生可能エネルギー、原子力、二酸化炭素分離貯蔵、電気自動車などの低炭素技術を総動員する必要があります」と続けています。そして、I

EA未加盟国の中国にも触れ、「産油国においては炭化水素補助金の撤廃、中国では省エネや二酸化炭素分離貯蔵、電気自動車開発、先進国は省エネ（特に米国）と再生可能エネルギー、原子力発電の普及などが重要です」と述べています。[*1]

まさに、「石油の使用を止めよう！」「再生可能エネルギーへとシフトしよう！」といっています。挙げ句の果てには「電気自動車の開発を促進させよう！」ともいっていますので、もはや確信犯ではないかとすら思えてきますし、そのために「地球温暖化防止！」を掲げているようにも見えるわけです。

またヨーロッパの自動車生産国が「やっぱりトヨタには勝てねぇ……」とさじを投げているところに、「よし！　我々に有利なルール変更をしよう！」と電気自動車の開発を促進している戦略が同時に走っています。

## 原子力大国フランス

イギリスのスコットランド政府は、2030年までにガソリン車とディーゼル車の新車販売を禁止することを決めています。充電インフラ整備、昨今の電気料金の高騰など、電気自動車普及にはまだまだ時間がかかりそうですが、スコットランド政府は「脱炭素」を掲げ、化石燃料から再生可能エネルギーにシフトチェンジしようとしています。

一方では、石炭の消費量が増加傾向にあり、2023年の世界の石炭消費量は過去最大となりそうだという見通しが発表されています。ロシアによるウクライナ侵略を背景としたエネルギー資源の不足によると考えられています。

ヨーロッパ各国が「これからは脱炭素だ！」と舵を切った矢先にロシアによるウクライナ侵略が発生し、ロシア産エネルギーの供給が削減されてしまいました。つまり、「戦争による石炭復活！」だったわけです。これは1973年の第一次オイルショックにおいても、「石炭の見直し」がなされたことと同様です。挙げ句の果てに、2021年2月10日にはフランスが「脱炭素を実現するためには原発だ！　原発を作るぞ！」と発表していました。

ドイツは「脱原発」「脱炭素」を掲げ、原子力発電と石炭火力発電を減らす方向性を示し天然ガスへの依存度を高めてきました。「ドイツ流脱炭素」です。一方の「フランス流脱炭素」は「原発推進」であり、40年以上も前から、化石燃料の使用量を削減してきた歴史があります。

＊1　50年後を見据えた世界のエネルギー・気候変動問題の解決策を
https://ieei.or.jp/2011/03/opinion110325/

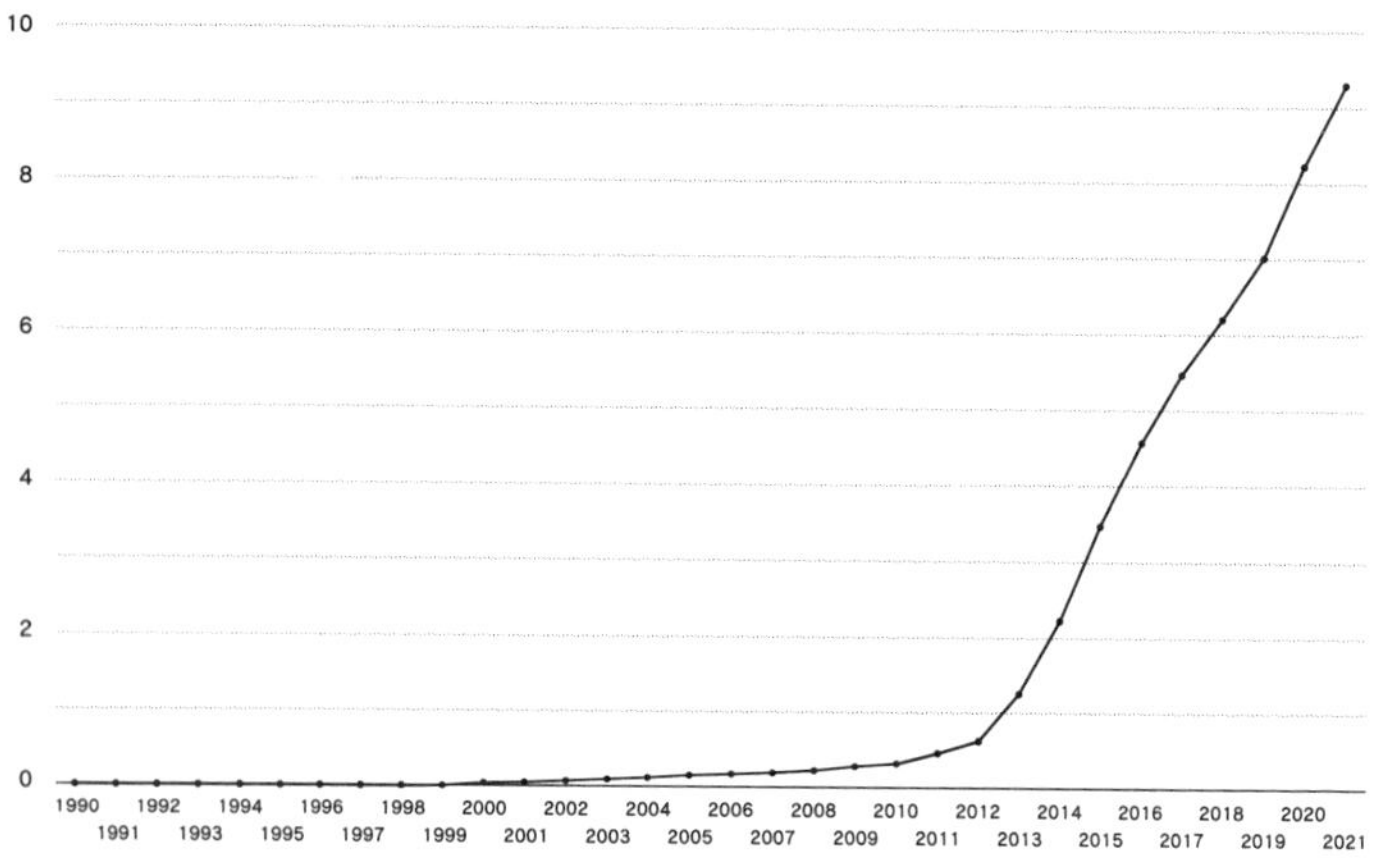


**日本の太陽光発電割合の推移**（出典：EIA）［単位：％］

しかし原子力発電の運転は、定期的な検査や予期せぬ不具合などによって、しばしば停止することがあり、計画停電を余儀なくされることが多々あるようです。別名「輪番停電」とも呼ばれるこの措置は、東日本大震災が発生した２０１１年の日本においてもみられました。当時の日本は原発依存度がおよそ25％を占めていましたので、福島第一原発事故を受けて日本中の原発が停止した時でもありました。

代替発電として石炭発電により急場をしのいだわけですが、２０１１年当時は未曾有の円高だったこともあり、エネルギー資源の輸入がしやすかったことは利点となりました。そして、日本において太陽光発電の割合を高めたのもこの頃からです。２０１２年にわずか0・46％だった太陽光発電割合は、2021年には9・29％にまで上昇しました。

そもそもフランスが原子力発電割合を高めたのは1970年代前半のことでした。第一次オイルショックと第4章で解説したビアフラ戦争が背景です。フランスは地体構造上、エネルギー資源に乏しい国です。プレートの狭まる境界衝突型には、褶曲構造を持った地層が多く、原油の埋蔵が多くみられます。しかし、フランスはプレート上に位置していることもあって、国内に褶曲構造はほとんどみられず、原油や天然ガスの埋蔵がほとんどありません。ヨーロッパで原油や天然ガスの埋蔵が確認できるのは、実質的にノルウェーとイギリスくらいなものです。

両国は北海油田に面していることもあり、原油や天然ガスの採掘業が盛んです。ノルウェーはこうして、たまたま目の前に原油が埋蔵されていた「地の利」を活かして石油産業を発展させ、輸出品目が1位「天然ガス」、2位「原油」となっています（2021年）。もちろん、国内人口が540万人（2021年）と少ないため、国内需要が小さく、輸出余力が大きいことも背景要因です。

イギリスの中でも、特にスコットランドが北海油田の恩恵を受けており、近年のIT産業の発展と並んで石油化学工業はスコットランド経済の大きな柱となっています。第3章で解説したとおり、だからこそスコットランドの経済的な自立が可能であると考え、また

**原油埋蔵量** [単位：百万バレル]

| 順位 | 国名 | 2020年 |
|---|---|---|
| 17 | ノルウェー | 7,902 |
| 29 | イギリス | 2,500 |
| 42 | イタリア | 604 |
| 43 | ルーマニア | 600 |
| 46 | デンマーク | 428 |

**天然ガス埋蔵量** [単位：兆㎥]

| 順位 | 国名 | 2020年 |
|---|---|---|
| 20 | ノルウェー | 1.43 |
| 39 | イギリス | 0.19 |
| 43 | オランダ | 0.13 |
| 46 | ルーマニア | 0.08 |
| 47 | ポーランド | 0.07 |
| 49 | イタリア | 0.04 |
| 50 | デンマーク | 0.03 |
| 51 | ドイツ | 0.02 |

**ヨーロッパにおける原油と天然ガスの埋蔵量**（出典：BP）順位は世界順位

**原油生産量** [単位：千トン]

| 順位 | 国名 | 2020年 |
|---|---|---|
| 12 | ノルウェー | 93,796 |
| 20 | イギリス | 40,865 |
| 41 | イタリア | 4,840 |
| 44 | ルーマニア | 3,322 |
| 46 | デンマーク | 3,152 |

**天然ガス生産量** [単位：百万㎥]

| 順位 | 国名 | 2020年 |
|---|---|---|
| 9 | ノルウェー | 114,317 |
| 20 | イギリス | 32,698 |
| 32 | オランダ | 18,100 |
| 42 | ルーマニア | 8,464 |
| 44 | ドイツ | 4,537 |
| 45 | ポーランド | 3,870 |
| 46 | イタリア | 3,184 |
| 48 | デンマーク | 1,309 |

**ヨーロッパにおける原油と天然ガスの生産量**（出典：BP）順位は世界順位

「俺たちの歴史に『エリザベス』ってやつはいねぇから、（昨年亡くなったエリザベスⅡ世のことを）『エリザベスI世』と呼ぼう！」とイングランドとの文化的な違いを強調してきたわけです。

フランスが1967年にナイジェリアで発生した内戦、ビアフラ戦争に介入したのは南東部に勢力を持つイボ族が独立したさいに、ここから原油を輸入することを目的としたものでした。しかし、戦争はイボ族の敗北で幕を閉じ、フランスは原油の供給先を確保し損ねたという歴史があります。こうしてフランスの原子力へのシフトチェンジが決定的なものとなりました。

フランスの原子力依存は、当初は火力発電の代替電源として捉えられていたようですが、その豊富な発電量、費用対効果の高さから徐々に依存度を高め、2005年に79・1%にまで高まりました

その後は、原子力事業者の不正が発覚し、安全面での懸念が生じたこと、コロナ禍における保守・管理作業の停滞、再生可能エネルギーへの期待の高まりなどから、フランスの原子力発電割合は減少傾向に転じていました。それでも割合としては世界最大です。

またフランスは原子力発電と再生可能エネルギーの組み合わせによる脱炭素を目指していますが、本来は原子力発電とは出力の変動を考えて作られていないため、発電コストに

収益性が見合わなくなるだけでなく、核燃料棒の損傷を招く恐れがあります。

実際に2017年に発生した暴風雨によって、ドイツで原子力発電所の出力が半減し、核燃料棒が損傷する事故が発生しています。

しかし、フランスには原子力発電への依存度を高い水準で維持しなければならない理由があるわけです。

## 「脱炭素」に縛られるフランス

要因の一つ目として、2021年11月にベラルーシがロシアからEUに接続される天然ガスパイプラインの供給を停止する可能性があると警告したことでした。

ベラルーシ国内においてポーランドとの国境付近でEU入りを目指す難民が発生し、これに対してEUが「ベラルーシがまた何かやったんだろ⁉ ルカシェンコってマジでク○だぜ！」と非難したことから、ルカシェンコ・ベラルーシ大統領が「おめぇら、まさか俺たちに経済制裁とかするんじゃねぇだろうな？ そんなことしてみろ！ パイプラインの運用を止めるからな！」と応戦しています。

この応酬の後、ロシアによるウクライナ侵略が発生（2022年2月24日）し、ヨーロッパにおけるさらなるガス価格の高騰を招きます。

これらの一連の出来事は、フランスが原子力発電への依存度を高める要因となったと考えられます。それだけ、**「エネルギーの独立」こそが国家安全保障に繋がる**と本気で捉えているということでしょう。

しかし、「フランス流脱炭素」に原子力発電を活用するとはいえ、コスト面において、なかなか問題が大きいようです。というのも、フランスの原子力発電所の平均運転年数は37年であり、今後も安全に運転できるかどうかは誰にも分からないというのが正直なところのようです。世界では50年以上運転を継続している原子力発電所は、2022年1月時点で12基あり、最も古いものはインドの「タラプール1」「タラプール2」の52年2か月であり、60年を超えて運転している原子力発電所は存在しません。[*2]

フランスの原子力発電の安全性を強化する改修工事には、2014年から2025年にかけておよそ6・5兆円を要することになっています。つまりフランスは、脱炭素に向けて「新規原発を建設する」、もしくは「再生可能エネルギーへの依存度を高める」といった

＊2　世界の40年以上運転している原子力発電所
https://www.jaif.or.jp/cms_admin/wp-content/uploads/2022/01/operational_reactors_age_40.pdf

方法も模索する必要があるといえます。

しかし、フランスが原発の新規建設を進めることで解決するかといえば、話はそんなに簡単なものではないようです。一時期、原子力発電への依存度を下げる方針だったこともあり、技術の継承が上手くいかなかったという指摘があります。そしてこの技術については、2011年の東日本大震災の発生によって求められる水準が高まったことはいうまでもありません。

一旦運用を止めていたものを再開するさいに、「はい、では明日から再開します！」と宣言しても、「いや、先人たちから何も教わっていないんだけど……」となる例は、日本の地熱発電事業も同様です。

2021年のフランスの原子力発電割合は68・0％ですが、この水準を2050年の段階でも維持することは相当に困難といえます。

「脱炭素」を掲げ、化石燃料の使用量を減らし、「原子力って再生可能エネルギーだよね⁉」と嘯いて新規原発の建設を進めるわりには技術の継承が上手くいっておらず、そして近年のガス価格の高騰でもう「首が回らない状況」に陥っているのがフランスというわけです。そして計画停電をせざるを得ないわけで、そうまでして「脱炭素」を進めたいものなのでしょうか。

## 進む石炭回帰

再生可能エネルギーといえば、太陽光発電、風力発電、地熱発電、バイオマス発電が主に取り上げられます。しかし太陽光発電と風力発電は、雨が降ったり、風が吹かなかったりと、それぞれ天候に左右される発電方式です。地熱発電のように24時間発電が可能なものがありますが、ヨーロッパはプレートの境界が走っていないため、プレートの広がる境界上に位置するアイスランド、国土の南部がプレートの狭まる境界上に位置するイタリアを除けば、ほとんどが地熱発電は行っていません。というより、行えません。

そして太陽光発電や風力発電は、「どこか遠くでやっている」原子力発電や火力発電と違い、地域住民が建設を間近で見る機会が多いといえます。だからこそ、反対運動が起きやすいわけです。

デンマークやアイルランドのように、国土の西側が海であり、偏西風を遮る高峻な山脈が存在しないような国は風力発電への依存度を高められるでしょう。しかし、それも国内人口が少ないからこそできることであり、フランスのような6775万の人口（2021年、世界銀行）を抱えるような国では何の足しにもなりません。

そもそも**ヨーロッパという地域に、再生可能エネルギーに依存するだけの「地の利」が**

**存在しない**のです。こうした現実を無視して、「脱炭素」というたいそうな理想を掲げたものだから、それに縛られ右往左往しているのが現在のヨーロッパといえます。だからこそ、「背に腹は替えられない」とばかりに、こぞって各国が石炭火力発電を再稼働させているわけです。冬の訪れによってそれは拍車がかかりました。

「脱炭素」などと考えずに、バックアップ電源としていつでも動かせる体制を採っていればよいものの、「シフトチェンジだ！」と「主力エネルギーをどちらにしようか！」と二元論で考えている時点で確信犯といえます。しかし、自らの首を真綿で絞める様を見て、今、プーチン大統領は何を思うのでしょうか。

そして、「目的」と「手段」が入れ替わってしまいがちな日本人は、それでも「どこか遠くで起きている出来事」としか捉えることができずにいます。とはいえ、エネルギー政策は国家安全保障問題であるため、我々国民にできることといえば志ある政治家に一票を投じることとしかないわけです。ひょっとすると、国民の主権者としての意識が試されているのかもしれませんね。

# 「環境保護」という名の同調圧力

1992年は、世界の潮流が劇的に変わった年といえます。

通称「地球サミット」、または「国連環境開発会議」は、正式名称を「環境と開発に関する国際連合会議」と呼ばれます。1992年6月3〜14日に、ブラジルのリオデジャネイロで開催されました。

1960年前後から起きた個体エネルギーから流体エネルギー（液体と気体の総称）への転換はエネルギー革命と呼ばれ、オイルメジャーなどの参入で産油量が増えると、石油価格が安価となってエネルギーの主力となりました。

1972年になると、スウェーデンのストックホルムで国連人間環境会議が開催され、開発による環境への影響が注目されるようになりました。国連人間環境会議が先進国を中心に開催されたのに対し、地球サミットは世界規模で開催されたことが注目に値します。

また当時12歳のカナダ人女性、セヴァン・カリス＝スズキによる「未来を生きる子供たちのために戦う。直し方が分からないものを、壊し続けるのは止めてください」というスピーチは、世界全体で協力し合い行動していくことの大切さを印象づけました。

それまで話題になるといえば、「新しくゴルフ場が建設されるから緑が破壊される！」などの地域開発による自然破壊など、いわば小さい空間スケールで展開する話ばかりでした。それが地球規模という大きな空間スケールで展開する話へと世界の関心が一気に変わったわけです。

しかし、いつしか「環境保護」は手段から目的へと変わり、気づけば「電気自動車の普及こそが環境保護にとって最も良いんだ！」となり始めたわけです。もちろん、これまで解説してきた通り、電気自動車へのシフトチェンジは「エネルギーの主導権をＯＰＥＣプラスから奪う」ことにあるわけで、さらにいえば「トヨタ潰し」もセットになっています。「テロ対策」もしかり、「環境保護」という言葉は正しくないことも正しいと喧伝するには最適な言葉といえます。

## 気候変動の恐怖を煽る

「脱炭素」と叫び、同時に「脱原発」も進めて瀕死に喘いでいるドイツのような国もありますが、多くの国では「脱炭素」が限界に達しつつあるようです。

「脱炭素」は「再生可能エネルギーの拡充」がセットで語られることが多いように思えま

す。日本でも、中国産太陽光パネルを用いて、太陽光発電の割合を増やしてきました。人口がおよそ35万のアイスランドならまだ理解できますが、およそ1億2600万もの人口を抱え、高度な産業構造を構築している日本において、再生可能エネルギーを主力としたエネルギー政策など夢のまた夢なのですが、心がピュアな方にはそれが理解できないのです。ピュアとは実に罪深いものです。

もっと酷いのは、自治体が企業と組んで、この政策を進めようとしていることです。東京都は新しく建築する住宅に対し、太陽光パネルの設置義務化を進めようとしています。2030年までに温室効果ガスの排出量を半減させる「カーボンハーフ」を実現していくため、とのことです。都知事……、もとい「言葉遊び大好きパネル芸人」は「カーボンハーフ」など流行語大賞でも狙っているのかと思うような新語を生み出しました。

ちなみに、都知事選挙のさいの公約は何一つ達成できておりません。そちらを先に進めるのが筋ではないでしょうか。

もはや大義名分などメチャクチャで、「気候変動」の恐怖を煽り、「環境保護」という名の同調圧力を都民にかけています。

電気自動車へのシフトチェンジ、自然保護のために保護区を設定、カーボンオフセットのための植林、そしてSDGsなど、気候変動の恐怖を煽ってくる「環境保護」という名の同調圧力は枚挙にいとまがありません。

では、カーボンオフセットのための植林事業で実際に大気中の二酸化炭素濃度が減少したことを誰が証明しているのかといえば、実は誰も証明できないでいます。気候変動の恐怖を煽るために、実に様々なことが曖昧にされてきました。

## グリーン・ガスライティングとは何か

「グリーン・ガスライティング」という言葉があります。「ガスライティング」とは、「心理的な手段で他者の心を操り、誤った現実を受け入れさせたり、自身の正気を疑わせたりする行為」を意味します。これが「環境保護」という名において発動しており、**「グリーン・ガスライティング」**と称されます。

地球サミットが開催された1992年6月は、1991年12月25日のソビエト崩壊からわずか半年後、マルタ会談で冷戦終結が確認された1989年12月から2年半後のことです。冷戦時代は「仮想敵国」を掲げ、それがビジネスになりました。しかし冷戦が崩壊して、世界の潮流は新たなる「飯の種」を探す必要があったといえます。

そして、2008年には世界金融危機が発生し、この辺りから急激に「環境保護」という名の同調圧力が高まったように思えます。政治家たちは、税金を使って金融機関を救済し、同時に労働者には緊縮策を課すことで、「これこそが経済、財政を立て直す唯一の方法なんです！」と信じ込ませてきたわけです。まさしく「グリーン・ガスライティング」です。

これは日本においても同様です。昨今、岸田首相が増税に次ぐ増税を触れ回っているわけですが、これも「ガスライティング」の一環といえます。だからこそ、選挙で自民党が負けないわけです。日本国民が催眠術にかかっていると言ってもよいほどです。もはや「環境保護」という目的が手段となり、一部の富裕層のための金儲けが目的となりつつあるように思えます。

それが現実ならば、一般国民である我々にも考えがあるというものです。しなやかに、たくましく、そして軽やかにかわしていかなければなりません。

気候変動対策が唯一の解決策のようにいわれることに、何か違和感を覚えます。物事を構成する要因というのは一つだけではありません。ロシアによるウクライナ侵略も「ウクライナがＮＡＴＯに加盟しようとしたことをロシアが嫌った！」と一つの要因に落とし込むことなどできません。だからこそ、私はコラムや著書『おもしろすぎる地理』などで、宗教、小麦、軍事などあらゆる角度からロシアによるウクライナ侵略について検証しました。

冷戦が終わって、地球規模で解決を要する問題が顕在化してきました。本来であればあらゆる角度から検証して、考えられることを一つひとつ精査していくべきです。しかし、それらを口当たりのよい、そして使い勝手の良い言葉で、結局は一つの要因に落とし込んでいる事例を見聞きします。それが「地政学的に考えると」です。

では「地政学的に考えて、何が見えてきたのですか？」と問い返してやりたいところです。きっと何も言えないことでしょう。

結局、人間は問題が複雑化すればするほど、何か一つの要因に落とし込んで考えたい生き物なのかもしれません。様々な要素が連鎖して景観を作り出す、それが空間スケールの大小によって変化する。こうして普遍性や地域性を明らかにしていく学問が地理学です。

私も地理学を修めていなければ、「グリーン・ガスライティング」にまんまとひっかかっていたのかもしれません。

## パラオが海底資源の採掘に反対を表明！

アメリカ合衆国の「アセンド・エレメンツ」というスタートアップ企業をご存じでしょうか？

アセンド・エレメンツ社は、廃棄されたリチウムイオン電池（LIB、Lithium Ion Battery）から再生された元素を用いることで、高度な電池の材料を製造し、これによって電池サプライチェーンの価値を向上させ、持続可能な電池製造とリサイクルの未来を創造することを理念としています。

2022年、アセンド・エレメンツ社が日本円にしておよそ430億円の資金調達をしたというニュースが流れました。イギリスの自動車企業ジャガー・ランドローバーや韓国の電池製造会社SKイノベーションなどが主に投資したそうです。すでに同社は2022年の1月5日に、LIBのリサイクル工場を設立する計画を発表していて、同年8月よりアメリカ合衆国ジョージア州の工場が創業しています。

私は自身のメルマガや著書において**「電気自動車（EV）の生産が進むほど注目を浴びる国」として、世界のリチウム生産量で独占状態のオーストラリア**を紹介してきました。

中国・広東省シェンチェン（深圳）市に拠点を置く自動車企業「比亜迪自動車（ＢＹＤ）」はＥＶ試乗へシェア拡大を進めています。以前、横浜みなとみらいにある赤レンガ倉庫にＢＹＤのＥＶが展示されていました（好みの問題ではありますが、正直、個人的には車のデザインは格好良いと思えませんでした……）。そしてＢＹＤはブレードバッテリー技術の開発にも力を入れています。

## リチウムの確保を目指す

２０２２年の１月12日、ＢＹＤが南米のチリにてリチウムの採掘権を落札するも、その２日後の１月14日にはチリの裁判所が国際入札の手続き停止を命じるという出来事がありました。特に先住民による街頭デモにより、現地の水源に与える影響が懸念されてのことでした。

また、次世代の自動車がガソリン車から完全に電気自動車に取って代わることがあるかどうかはわかりませんが、どちらにせよリチウムの安定供給が必要不可欠です。また同時に、「ＬＩＢの中国依存度」を減らすことも念頭にあるようです。

こうしたこともあって、アメリカ合衆国国内において、新たに採掘場や処理施設を建設するとなると、やはり地域住民の反対運動が起こることとなり、リチウム供給の安定化の目処が立たなくなります。こうしたことも、「リチウムのリサイクル化」が進められる背景となっているようです。

またアメリカ合衆国国内では、同年8月16日に「インフレ抑制法」が成立しています。これは国内のエネルギー生産への投資によってインフレを抑制することも目的に成立した法律です。この法律を根拠に、電池材料に占める国産およびリサイクルの割合と、輸入した割合によってＥＶ購入者に対する税控除額が変わるようです。つまり、「ＬＩＢの現地調達」が求められるわけであり、ＥＶ製造拠点になるべく近い場所でのリチウムの確保こそが、ＥＶ生産の規模拡大に繋がるというわけです。もちろん、温室効果ガスの排出削減にも繋がると期待されています。

一方で、リチウムのリサイクルは技術的な難易度の高さと、高コストを考えれば、黒字化は難しいと考える向きもあるようです。

## 深海に存在する宝の山

急速なＥＶのシフトが進む中、最大の課題はバッテリー製造に必要な原材料の安定供給といえるでしょう。

以前より、日本は「領土だけ見れば資源小国だが、領海も含めれば資源大国となる！」と言われることがあります。日本の排他的経済水域を見れば、深海底にかなりの鉱産資源が埋蔵されているという意味です。

特に知られているのは**メタンハイドレート**です。メタンハイドレートはシャーベット状になった天然ガスであり、水分子がメタン分子を包み込む固体結晶です。見た目は氷そのもの、しかし火を点けると燃えるため「燃える氷」と称されます。燃焼時の二酸化炭素排出量が、石油や石炭の半分程度であることから、「環境に優しい」エネルギーとしても期待されています。

日本近海に埋蔵されているメタンハイドレートは、12・6兆㎥。数字が大きすぎて、もはや意味不明ですが、この量が「日本人が使う天然ガスのおよそ110年分に匹敵する量！」といえばいかがでしょうか。とんでもない量であることは間違いありません。

国際水域においては、「俺たちは世界の中心に咲いた華」と自称する覇権国家のように「お前の物は俺の物、俺の物は俺の物」という「ジャイアニズム」が発動する国が存在するため、深海を採掘するための規制枠組みが必要です。この枠組みを管理しているのが、国際海底機構（ISA）という、国連のオブザーバー組織です。

かつて1970年代あたりから、発展途上国を中心に「深海底に存在する鉱産資源に関しては人類共有の財産であるのだから、これを利用することによる利益は国際社会において配分されるべきだ」という主張があったようです。1982年には国連海洋法条約が採択され、領海が12海里と定められ、排他的経済水域が200海里となりました。

これを経て、1994年に公海（領海より外側の海域で、すべての船舶の航行が自由に認められる）における深海採掘の管理を目的に設立されたのが、先述のISAです。加盟国は168か国と地域であり、これらすべてが同意することで規制枠組みが完成します。ちなみに、このISAにはアメリカ合衆国は加盟していません。

もちろん深海採掘の目的は海底からのマンガン団塊を採掘することにあります。マンガン団塊とは別名「多金属団塊」ともいわれます。球状の凝結塊となっており、主成分は鉄やマンガンですが、他に銅やニッケル、コバルトなども含んでいるため、これらの商業利用が期待されているわけです。

特に、メキシコからハワイの間に広がる海域（東太平洋）には多くのマンガン団塊の存在が確認されているようで、ISAが2010年に出した推計によると300億トンを数えるそうです。

また、コバルトは、EV用だけでなくスマートフォンなどの二次電池（充電池のこと）

に利用されることもあり、先進国企業はその安定供給の構築に向けて、企業努力を惜しみません。

## 問題は闇に葬られる

こうした二次電池の材料となるバッテリーメタルの奪い合いが世界で起きているとなると、「持続可能」は二の次となりがちです。

企業からの要請を受けて採掘業者はより多くのバッテリーメタルを採掘しようとします。特に近年の「脱炭素社会の構築」を金科玉条の如く掲げている時代において、それが加速しています。しかし、採掘には重機が必要なのであって、これらはガソリンで動きます。電気も必要でしょう。

つまり、「地球温暖化防止のために脱炭素だこのヤロー！」というのは簡単ですが、そのためにEVへのシフトを起こそうとすれば、大量の石油や石炭を消費した上でバッテリーメタルの採掘が進むということになるわけです。

アメリカ地質調査所（USGS）の統計によると、世界最大のコバルト産出量はコンゴ民主共和国です（2020年、USGS）。世界シェアはなんと69・0％。2位のロシアが

6・3%なので、コンゴ民主共和国の独占状態といってよいでしょう。しかし、この採掘事業に子供たちが違法にかり出され、安全確保を怠り、死に至らしめたと、児童労働が人権問題として議論の対象となっています。

こうした目を覆いたくなるような話は、EVへのシフトが進めば進むほど闇に葬られていくのでしょう。そして、企業は何食わぬ顔で「消費者の幸せを第一に考えています!」と嘯き、商品を手にしたわれわれ消費者は「うぇーい! スマホを使いこなしている俺って、実にクール♪」とでも叫びながら、偽りの自己肯定感を高めていくのでしょう。

こうしたことが表面化すると、供給は抑制され価格が高騰しつつあるのがバッテリーメタルというわけです。

## オセアニアが目指す「脱・観光業依存」

オセアニア(Oceania)とは、「Ocean」に地名の接尾辞である「ia」を付けた名称です。オセアニアは広大な太平洋に位置する国々からなる地域であり、その多くが国土面積の小さい国ばかりです。

一般にオセアニアは、オーストラリア、ミクロネシア、ポリネシア、メラネシアの4つから構成されます。オーストラリアは大陸ですが、それ以外は小さい島国の集まりです。

島嶼には、陸島と洋島の2種類があります。陸島は「大陸棚に起源をもつ島」であり、洋島は「大洋底から発達した島」です。大陸棚とは、最終氷期（7〜1万年前）の最寒冷期（2万年前）に、現在よりも130m程度、海水面が低かった時代に陸地だった場所です。そのため地体構造が沿岸の陸地と同様であるため、鉱産資源の埋蔵の可能性があります。

上記の内、メラネシアは陸島ですが、ミクロネシアとポリネシアは洋島です。よく知られているのは、パプアニューギニア領ブーゲンヴィル島（銅鉱の埋蔵）、フランス領ニューカレドニア島（ニッケルの埋蔵）の2つ。これはどちらもメラネシアに属する陸島です。

一方のミクロネシアとポリネシアは洋島であるため、ナウル共和国を除いて鉱産資源の埋蔵がほとんど見られません。ナウル共和国で燐鉱石が採掘できたのは、海鳥の糞が化石となったものであって、地体構造とは何も関係がありません。

こうしたことを背景に、オセアニア諸国のほとんどが「綺麗な海」を観光資源とした観光業くらいしか産業が存在しないわけです。私がこれまで14回訪れたパラオ共和国はミクロネシアに属する国であり、大規模な鉱床などは存在せず、観光業くらいしか産業がありません。オセアニア諸国にとって「脱・観光業依存」は永遠の課題といえます。

そのナウル共和国は2021年6月に先述のメキシコからハワイの海域、クラリオン・

クリッパートン海域での深海資源の開発をするべくＩＳＡに申請しました。近年のナウルは燐鉱石が枯渇気味であるため、こうした新たな採掘事業に活路を見いだしたといえます。「なんで、ナウルが⁉」との疑問も、こうした背景知識があるからこそ理解できるというものです。

もう一つ、クック諸島というポリネシアに属する国もまた深海に眠る鉱産資源の経済利用を目指す国です。クック諸島が日本政府に国家として承認されたのは２０１１年3月のこと。東日本大震災の衝撃まっただ中の日本では、当時、クック諸島を取り上げた人はほとんどいませんでした。

クック諸島の経済水域には１２０億トンものマンガン団塊が眠っているといいます。そりゃ鼻息が荒くなるのも無理はありません。特に最近のコロナ禍を背景に、「脱・観光業依存」の想いはいっそう深まったといえるでしょう。実際にクック諸島の観光業はＧＤＰのおよそ65％を占めていたほどです。

しかし、「おいおいおい、深海採掘は海洋環境に悪影響を及ぼすぞ！　何より『世界最大の炭素吸収源の一つ』を脅かすことになるぞ！」と警告を発し、深海採掘へ反対を表明した国もあります。

パラオ共和国です。

ここでいう「世界最大の炭素吸収源の一つ」というのはサンゴ礁のことをいっているのだと思います。

確かにパラオは観光業以外、主力となりうる産業は存在しません。他のオセアニア諸国も同様とは思います。とにかくパラオは時の流れが止まっているかのように、のんびりとしています。

我々は腹が減れば金を握りしめてスーパーに材料を買いに走ります。それすら面倒くさければ、スマホ一つで出来合いの料理を注文することだってできます。そして、「便利になった！」とご満悦となるわけです。

「こんな便利な物があるんだから、君たちも使えるようになった方がいいよ」といわんばかりに、先進国の人たちは途上国へお節介をするわけですが、これこそが帝国主義時代に白人たちが行ってきたパターナリズムなのであって、果たしてそれが植民地のためになったのかといえば、「否！」でしょう。

腹が減れば魚を捕り、ヤムイモを引き抜いて食べる。夕暮れどきには砂浜で沈みゆく太陽に明日への希望を誓う。ただただそんな日常を繰り返しているだけに見えたとしても、空腹を満たす、暖をとるという生理的欲求は満たされているわけですから、何も不幸なことはないはずです。

パラオはパラオなりに、「俺たちが愛する大自然を壊してまで、豊かになんかなりたかねぇぜ!」とでも言いたげです。パラオの太平洋深海の採掘反対で、「豊かさの押しつけ」について考えることが色々とありそうです。

Column

# 米中新冷戦の舞台オセアニアでフィジーが見据える未来

「昨日の敵は今日の友」といった言葉があります。歴史的に見ると、そういった事例が数多くありました。オセアニアにおいて、今まさに米中の新たなる冷戦が展開されていて、それがきっかけで小さい島嶼国が誇りを持って、自らの生きる道を進もうとしているように思えます。

１８７９年５月14日、イギリス植民地時代（１８７４〜１９７０年）のフィジーに初めて「契約労働者」という名目でインド人移民がやってきました。

名目はサトウキビ栽培に従事するためでしたが、実質的な農業奴隷でした。彼らの多くが契約期間を終えた後もフィジーに定住してインド系フィジー人となり、彼らの子孫は「ギルミティヤ（Girmityas）」と呼ばれました。そして彼らの子孫もまた定住を続けていたため、いつしかフィジーの住民構成は、先住フィジー人よりもインド系フィジー人の方が多くなっていました。そしてインド系フィジー人からの支援が厚い（二代目）、もしくはインド系フィジー人（五代目）が政権の座に就くと、決まって先住フィジー人によるクーデターが発生し、国が混乱状態となってきた歴史があります。フィジーの政治体制は共和制なので、国家元首は大統領であり、実質的な指導者は首相が務めます。

しかし、現在、フィジーは一つにまとまろうとしています。２０１３年の新憲法の制定によって、「出自」にかかわらず、すべてのフィジー人を国民として見なすように定められました。そしてフィジーが見据えているのは、オセアニアにおけるアメリカ合衆国と中国の動向です。

## オセアニアでの中国の動きと「昨日の敵は今日の友」

最近では、ロシアによるウクライナ侵略に気を取られがちですが、そんなときこそ、ひっそりと中国が太平洋への影響力の拡大を目指しています。典型的な出来事が、２０２２年４月、中国がソロモン諸島との間で締結した安全保障協定の発表です。これに難色を示したのが、オーストラリアとニュージーランドでした。ソロモン諸島は、両国から目と鼻の先に位置しているため、緊張感が高まったことはいうまでもありません。

現在、オセアニア諸国は太平洋における「米中の冷戦」に巻き込まれないよう、どのような対応が最適なのかに注力せざるを得ないわけですから、フィジー国内でも「オレはインド系だから！」とか、「オレは先住民だから！」などと言っている場合ではないわけです。外に敵を見つけた途端、「昨日の敵は今日の友」が発動するというのが皮肉なものです。

２０２２年５月23日、アメリカ合衆国が主導する経済圏構想となる「インド太平洋枠組み（ＩＰＥＦ）」が発足しました。これは米国大統領ジョー・バイデンの提案であり、さらに環太平洋パートナーシップ協定（ＴＰＰ）に代わる枠組みとして機能させようという目的があるようです。

つまり、単に中国の影響力の拡大、ひいては地域的な包括的経済連携協定（ＲＣＥＰ）の拡大を念頭においています。日本は即座にＩＰＥＦへの参加を表明し、その直後に参加を表明したのがフィジーでした。これでフィジーは創設メンバーとなったわけです。

組織内での影響力は創設メンバーであるか否かという条件が、非常に大きな要素といえます。

米中の覇権争いの影には、「半導体」の存在があるように思います。現在、世界の半導体生産は東アジアに一極集中していて、２０２１年に世界に供給された半導体のうち、92％を台湾積体電路製造（ＴＳＭＣ）が占めていたほどです。

創設メンバーとなったフィジーでは、オセアニアにおけるアメリカ合衆国の影響力の拡大に期待が高まっているといいます。２０２２年２月、アメリカ合衆国のアントニー・

ブリンケン国務長官がフィジーを訪問しています。現職の国務長官がフィジーを訪問するのが40年ぶりだったというから、アメリカ合衆国が本格的にオセアニア情勢を気にし始めているような雰囲気があります。

その証拠にアメリカ合衆国は、フィジーを含むオセアニア5か国に米国大使館を置いてありますが、これを増やす意向を示しています。そしてその設置先としてソロモン諸島が予定されていることもまた、「対中意識の高まり」といえます。

## 中国を招待しなかったフィジー

2022年7月14日、フィジーの首都スバで「太平洋諸島フォーラム」が開催され、オセアニア諸国は中国との安全保障や貿易関係の強化を盛り込んだ協定への合意を求める中国に対して非難の声を上げ、情報共有の強化を進めることで意見を一致させました。

この時の太平洋諸島フォーラムについて、フィジー大統領は中国を招待しませんでした。一方で、アメリカ合衆国副大統領のカマラ・ハリスがオンラインで登場して、「我々アメリカは、オセアニアとともにある！」とスピーチしたといいます。

「フィジーの行く末はフィジー人が決める！」、独立国家とは本来、そういうものです。フィジーの今後には、大いに注目すべきと考えます。

# おわりに

本書を最後までお読みいただき、大変感謝いたします。ありがとうございました。

「はじめに」でも書きましたが、本書は毎週発行しているメルマガから原稿を抜粋して、加筆・修正を加えてまとめ上げたものです。おかげさまで、多くの読者に可愛がっていただき、２０２３年2月26日には配信数が１００号を数え、現在に至ります。

メルマガを書いていて思うのは、やはりコツコツと積み上げていく強さです。毎号６０００字ほど、多いときで１００００字を超えるボリュームで配信していますが、これを毎週積み上げていけばなかなかの量となり、こうして書籍化していただけるまでにたまっていきます。前作『ニュースがわかる！　世界が見える！　おもしろすぎる地理』の「おわりに」で、「多くの方々に本書が届けば、第二弾、第三弾もあるかもしれませんね。そうなることを期待しています」と書きましたが、今回、その第二弾ということで期待通りの展開となったことを喜ばしく思うとともに、版元の大和書房には深く感謝申し上げます。

ということで、第三弾もよろしくお願いします！

「最近はテレビが面白くない」と言われることがありますが、私が中学生くらいの頃、すでに当時の大人たちが同様のことを言っていたように記憶しています。もちろん、主語を大きくして論じることは捉える空間スケールが大きすぎるように思いますが、いつの時代も前時代と比較して「面白くない」という人は一定数いるものです。想い出は絶えず美化されていきますし、想い出と勝負しても絶対に勝てませんので、相手をしないにかぎります。「テレビが面白くない」というのであれば、YouTubeだったら面白いのでしょうか？ SNSで流れてくる、若くて麗しい女性たちのキラキラした日常なら面白いのでしょうか？ 発信者の所属も名前も明らかになっていない、そんな情報にはそもそも価値がないのですが、多くの方々がそれらを有り難がるのが現実です。

何事も「面白さ」のベクトルは十人十色なのであって、自分が「これ面白い！」と思うものに、全力で時間とお金をかけていくことでしか、「面白い！」と膝を打つ瞬間を得ることは出来ないのではないでしょうか。

正直、私は小さい頃から地理が好きだったのかと聞かれれば、「ん〜……」と首をかしげてしまいます。確かに、小学校の頃は、各県庁所在都市の名前を覚えたり、各都市の特産物や主産業を覚えたりするのが好きでした。しかしそれは、「よく覚えたね！」と周りの大人たちに褒めて貰いたくて覚えていただけに過ぎず、それを覚えたからといって、その先に待つ未来が明るくなるなどといった高尚なことは何一つ考えていませんでした。いや、そんな小学生がいたら逆に怖いです。中学生になっても、「どこどこの都市は地中海性気候が展開している」などといったことの暗記を強制され、面白さなど全くもって見いだすことはできませんでした。

地中海性気候とは、夏に乾季となる温帯気候のことですが、例えば「オーストラリアのパースでは地中海性気候が展開する」と覚えるのではなく、「地中海性気候は大陸東岸には展開しない」という普遍性を教えてもらえれば、「えっ!? なんで!?」となって、少しは学ぶことに興味がわいたかもしれません。教育とはアプローチの仕方で、いかようにも面白くなるものです。地域性の暗記は勉強をつまらなくします。背後に隠れている普遍性を見つけるからこそ面白いのです。

そもそも私は、中学時代は歴史の方が好きでしたが、その好きだった歴史も今となっては、「歴史のエピソード」が好きだったに過ぎなかったのだと思います。歴史にロマンを求めるのも結構ですが、本来の歴史教育とは、「過去に学び、それが『現代世界』の何につながり、そして未来に向かってどのような変化が生じるのかを予測する」ことに意味があると思います。つまり、ここでいう「現代世界」というのが地理です。だからこそ、歴史とは各時代の地理の積み重ねなのであって、自動車の両輪のようなものであるといえるのです。地理と歴史を行ったり来たりすることで、認識が立体視する。そんな観察ができれば、もっと面白いのにと思いますが、残念ながら高等学校の現在の学習指導要領には限界があります。

しかし、我々大人たちはそれができます。お腹いっぱい、学ぶことができます。自分で面白いことを見つけることができます。単なる歴史のエピソード好きに留まらず、そこに地理学的視点を加味するだけで、実に面白さが倍増します。

「地理って面白いぜ！　歴史的解釈を加味するともっと面白いぜ！」

今後もメルマガの配信は続けていくつもりです。もしご興味がわきましたら、ご購読いただけると大変嬉しく思います。地理と歴史を縦横無尽に駆け巡り、認識を立体視させていくつもりです。

娯楽は贅沢ですが、「学び」とは誰もが享受できる、まさに至高の娯楽といえるのではないでしょうか？

宮路秀作

■ 著者紹介

**宮路秀作（みやじ・しゅうさく）**

代々木ゼミナール地理講師＆コラムニスト。現代世界の「なぜ?」を解き明かす授業が好評で、代々木ゼミナールで開講されるすべての地理の講座を担当し、全国の校舎、サテライン予備校に配信されている。主著『経済は地理から学べ!』（ダイヤモンド社）は大ベストセラーとなり、海外でも翻訳された。地理学の普及・啓発活動に貢献したと評価され、2017年度日本地理学会賞（社会貢献部門）を受賞。コラムニストとして、新聞や雑誌、Webメディアなどでコラムの連載や「foomii」にてメルマガを発行、さらにYahoo!ニュース個人のオーサーとして活動している。YouTubeチャンネル「みやじまんちゃんねる」でも、地理学のおもしろさ、地理教育の重要性を発信中。

Twitter　miyajiman0621
みやじまん.com（公式ウェブサイト）　https://miyajiman.com/

Youtube「みやじまんちゃんねる」

foomiiメルマガ「やっぱり地理が好き」

# 地理《ちり》がわかれば世界《せかい》が見《み》える

2023年8月31日　第1刷発行

著者　宮路秀作《みやじしゅうさく》
発行者　佐藤 靖
発行所　大和《だいわ》書房
東京都文京区関口1-33-4
電話 03-3203-4511
カバーデザイン　三森健太（JUNGLE）
本文デザイン＋DTP　金子 中（Isshiki）
本文印刷　中央精版印刷
カバー印刷　歩プロセス
製本所　小泉製本


ISBN 978-4-479-79790-6

http://www.daiwashobo.co.jp/